Ferramentas do marketing: do tradicional ao digital

Henrique Brockelt Giacometti

O selo DIALÓGICA da Editora InterSaberes faz referência às publicações que privilegiam uma linguagem na qual o autor dialoga com o leitor por meio de recursos textuais e visuais, o que torna o conteúdo muito mais dinâmico. São livros que criam um ambiente de interação com o leitor – seu universo cultural, social e de elaboração de conhecimentos –, possibilitando um real processo de interlocução para que a comunicação se efetive.

Conselho editorial
 Dr. Ivo José Both (presidente)
 Drª Elena Godoy
 Dr. Neri dos Santos
 Dr. Ulf Gregor Baranow

Editora-chefe
 Lindsay Azambuja

Gerente editorial
 Ariadne Nunes Wenger

Preparação de originais
 Guilherme Conde Moura Pereira

Edição de texto
 Palavra do Editor

Capa
 Débora Gipiela (design)
 wanchai, allegro e Andrey_Popov/
 Shutterstock (imagens)

Projeto gráfico
 Mayra Yoshizawa

Diagramação
 Débora Gipiela

Equipe de design
 Débora Gipiela
 Luana Machado Amaro

Iconografia
 T&G Serviços Editoriais
 Regina Claudia Cruz Prestes

Rua Clara Vendramin, 58 . Mossunguê
Cep 81200-170 . Curitiba . PR . Brasil
Fone: (41) 2106-4170
www.intersaberes.com
editora@editoraintersaberes.com.br

Dados Internacionais de Catalogação na Publicação (CIP)
(Câmara Brasileira do Livro, SP, Brasil)

Giacometti, Henrique Brockelt
 Ferramentas do marketing: do tradicional ao digital/
Henrique Brockelt Giacometti. Curitiba: InterSaberes, 2020.
(Série Marketing.com)

 Bibliografia.
 ISBN 978-65-5517-557-8

 1. Ferramentas de busca na Web 2. Marketing 3. Marketing –
Planejamento 4. Marketing digital 5. Marketing na Internet
6. Planejamento estratégico I. Título II. Série.

20-35118   CDD-658.8

Índices para catálogo sistemático:
1. Marketing: Administração   658.8
        Cibele Maria Dias – Bibliotecária – CRB-8/9427

1ª edição, 2020.

Foi feito o depósito legal.

Informamos que é de inteira responsabilidade do autor a emissão de conceitos.

Nenhuma parte desta publicação poderá ser reproduzida por qualquer meio ou forma sem a prévia autorização da Editora InterSaberes.

A violação dos direitos autorais é crime estabelecido na Lei n. 9.610/1998 e punido pelo art. 184 do Código Penal.

Sumário

Dedicatória - 5
Agradecimentos - 7
Apresentação - 11
Como aproveitar ao máximo este livro - 13
Introdução - 17

19

Capítulo 1 Fundamentos do marketing tradicional
1.1 Conceitos iniciais de marketing - 20 |
1.2 Introdução aos fundamentos do marketing - 24

51

Capítulo 2 Mercado e estratégias
2.1 Mercado - 52 | 2.2 Elaborando uma estratégia - 67 | 2.3 Análise SWOT - 72 | 2.4 UVP - 74 |
2.5 *Mix* de marketing - 75

93

Capítulo 3 O marketing digital e a importância dos dados
3.1 Princípios do marketing digital - 94 |
3.2 A importância da tomada de decisão baseada em dados - 99 | 3.3 Modelos de atribuição - 101 |
3.4 O cálculo do ROI - 106

113

Capítulo 4 Google Analytics

4.1 Visão geral do Google Analytics - 114 | 4.2 Análise de dados - 116 | 4.3 Criação de filtros - 123 | 4.4 Criação de metas - 126 | 4.5 Dimensões secundárias - 128 | 4.6 Criação de relatórios personalizados - 129 | 4.7 Parâmetros de URL - 130

135

Capítulo 5 Google Ads

5.1 Visão geral do Google Ads - 136 | 5.2 O funcionamento do leilão e o índice de qualidade - 138 | 5.3 Palavras-chave - 142 | 5.4 Criação de uma campanha - 144 | 5.5 Recursos: públicos-alvo, segmentações, *remarketing* e extensões - 146

155

Capítulo 6 Otimização dos motores de busca (SEO) e ferramentas úteis

6.1 Visão geral sobre o SEO - 156 | 6.2 Itens que influenciam no SEO - 159 | 6.3 Criação de conteúdo para SEO - 162 | 6.4 Dicas para escrever um texto para SEO - 163 | 6.5 *Black hat* e práticas abusivas - 164 | 6.6 Ferramentas para o dia a dia - 167

Para concluir... - 175

Glossário - 177

Referências - 181

Respostas - 185

Sobre o autor - 189

Dedicatória

Dedico esta obra aos meus pais e à minha família.

Agradecimentos

Agradeço a Isis Sobrinho, por sua imensa ajuda com este livro, e também ao Professor Achiles Junior, pelo incentivo para escrever esta obra.

Um marceneiro não usa um martelo simplesmente para bater num prego, mas para construir um móvel. Da mesma forma, o profissional de marketing deve ter um objetivo bem definido e utilizar as ferramentas das quais dispõe para alcançá-lo.

Apresentação

Pretendemos que este livro funcione como um guia geral, promovendo uma introdução básica às principais ferramentas de marketing digital, de modo a possibilitar a assimilação correta das informações que elas propiciam, bem como o aprendizado prático. Isso porque o conhecimento sobre alguns dos recursos mais difundidos auxilia na compreensão do potencial ao alcance do profissional. Dessa maneira, buscamos orientar indivíduos que estão começando no universo da análise de mercado digital e, portanto, precisam criar bases sólidas para suas tomadas de decisão e a utilização da gigante gama de informações disponíveis na *web*.

Os conteúdos abordados foram baseados em recursos já existentes, a fim de que você, leitor, consiga não só assimilá-los, como também reproduzi-los de forma prática, valorizando seu aprendizado. Assim, os três primeiros capítulos tratam de questões introdutórias e basilares para o entendimento sobre o conceito de marketing e sobre a importância de decisões baseadas em dados reais. Embora os Capítulos 1 e 2 sejam muito teóricos, contextualizando o marketing tradicional – precursor do marketing digital –, os demais focam bastante o conteúdo prático. É importante ter uma noção geral de como foi construído o raciocínio voltado para o mercado para, então, explorar recursos tanto no mundo real quanto no meio digital. No Capítulo 3, tratamos da tomada de decisão baseada em dados, isto é, como coletar e/ou calcular informações pelo Google Analytics de forma a possibilitar a tomada de decisões e o desenvolvimento de um plano embasado em dados reais.

O Capítulo 4 se concentra nos recursos dessa ferramenta como a fonte primária de informações e a base para várias análises e tomadas de decisão no dia a dia. Já o Capítulo 5 aborda a criação de campanhas para o Google Ads (antigo Google Adwords), explicando sua estrutura, o funcionamento do leilão, entre outros aspectos. O Capítulo 6, por sua vez, refere-se às técnicas de SEO (*search engine optimization*, ou otimização dos motores de busca) focadas na construção de textos e na organização ampla da estratégia de busca, além das ferramentas Google Tag Manager e Google Optimize, utilizadas em situações pontuais.

Escrever um livro a respeito de um conteúdo em constante evolução e mantê-lo proveitoso ao longo dos anos não é uma tarefa simples, pois as interfaces das ferramentas – e até recursos inteiros – podem ser alteradas ou substituídas. Portanto, devemos direcionar a abordagem para os métodos de uso de tais ferramentas e para a forma de utilização das informações coletadas. Um exemplo desse dinamismo pode ser o fato de que, enquanto este livro era redigido, o nome da ferramenta de anúncios do Google foi alterado de Google Adwords para Google Ads. Embora essa seja uma mudança pouco significativa se comparada a alguma funcionalidade totalmente nova ou a algo que foi descontinuado, exemplifica a constância das transformações. Se entendermos como um recurso funciona de modo geral, não importarão as mudanças e os aprimoramentos pontuais, porque a utilização principal tende a se manter a mesma. No caso do Google Ads, o leilão e a forma de cobrança se mantiveram; por conseguinte, mudanças de nome, novos elementos ou recursos adicionais não interferiram na essência do recurso.

Como aproveitar ao máximo este livro

Empregamos nesta obra recursos que visam enriquecer seu aprendizado, facilitar a compreensão dos conteúdos e tornar a leitura mais dinâmica. Conheça a seguir cada uma dessas ferramentas e saiba como elas estão distribuídas no decorrer deste livro para bem aproveitá-las.

Conteúdos do capítulo
Logo na abertura do capítulo, relacionamos os conteúdos que nele serão abordados.

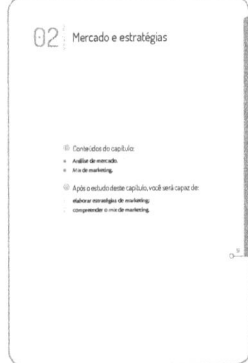

Após o estudo deste capítulo, você será capaz de:
Antes de iniciarmos nossa abordagem, listamos as habilidades trabalhadas no capítulo e os conhecimentos que você assimilará no decorrer do texto.

Perguntas & respostas
Nesta seção, respondemos a dúvidas frequentes relacionadas aos conteúdos do capítulo.

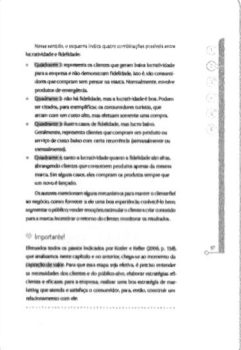

Importante!
Algumas das informações centrais para a compreensão da obra aparecem nesta seção. Aproveite para refletir sobre os conteúdos apresentados.

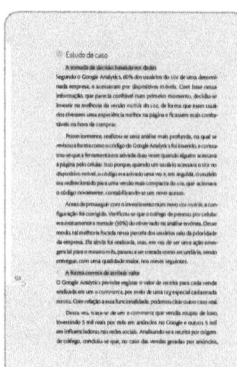

Estudo de caso
Nesta seção, relatamos situações reais ou fictícias que articulam a perspectiva teórica e o contexto prático da área de conhecimento ou do campo profissional em foco com o propósito de levá-lo a analisar tais problemáticas e a buscar soluções.

Síntese
Ao final de cada capítulo, relacionamos as principais informações nele abordadas a fim de que você avalie as conclusões a que chegou, confirmando-as ou redefinindo-as.

Para saber mais
Sugerimos a leitura de diferentes conteúdos digitais e impressos para que você aprofunde sua aprendizagem e siga buscando conhecimento.

Questões para revisão
Ao realizar estas atividades, você poderá rever os principais conceitos analisados. Ao final do livro, disponibilizamos as respostas às questões para a verificação de sua aprendizagem.

Questões para reflexão

Ao propor estas questões, pretendemos estimular sua reflexão crítica sobre temas que ampliam a discussão dos conteúdos tratados no capítulo, contemplando ideias e experiências que podem ser compartilhadas com seus pares.

Introdução

Identificar como o público compra e interage com um produto ou serviço possibilita melhorias constantes, capazes de garantir que uma empresa continue sendo relevante e competitiva no mercado em que atua. Sabemos o que buscar, basta apenas escolher as ferramentas mais apropriadas para isso. E esse será o enfoque deste livro: explorar os principais recursos atuais no cenário do marketing digital.

Diferentemente do que ocorre com a venda de produtos e serviços tradicionais, *softwares* também podem ser ofertados como serviços digitais. Em inglês, o termo utilizado comumente no mercado é SaaS (*software as a service*, ou *"software* como serviço", em tradução livre). A grande vantagem do SaaS corresponde ao dinamismo e à facilidade de aquisição – praticamente qualquer tipo de solução pode ser contratado via internet. Um exemplo é o Google Analytics, que se constitui na principal ferramenta para qualquer negócio *online*, visto que trabalha com a análise do comportamento do usuário numa página, trazendo informações valiosas sobre o público. Obviamente, todo empreendimento apresenta particularidades que precisam ser levadas em consideração, porém, de forma geral, a análise representa o ponto mais importante.

Uma fonte de dados confiável permite tomar decisões de negócio. Isso porque o local de venda não se restringe mais a um espaço físico, mas se insere em um ambiente *online* de abrangência nacional ou mundial. Do mesmo modo, as formas de promoção se expandiram para além dos meios materiais, deixaram de ser massificadas para se tornarem personalizáveis em escala e, assim, mais dinâmicas e ágeis.

01 Fundamentos do marketing tradicional

Conteúdos do capítulo:
- Estudo de mercado tradicional.
- Necessidades do consumidor.

Após o estudo deste capítulo, você será capaz de:
1. compreender e definir o que é marketing;
2. definir conceitos básicos de marketing.

1.1 Conceitos iniciais de marketing

Neste livro, buscamos sintetizar as principais ideias do marketing. Para tanto, faz-se necessário partir de sua definição e de seus conceitos básicos.

De acordo com Kotler e Keller (2012, p. 4), o marketing "supre necessidades lucrativamente", isto é, se uma pessoa possui algo de que necessite, seja porque não possa viver sem (como água, alimento etc.), seja porque precisa resolver algum problema pontual (como um guarda-chuva), seja ainda porque tem uma necessidade pessoal que não seja vital (como adquirir um produto de luxo, funcional e rebuscado, em vez de um que seja apenas funcional), o marketing tem a função de identificar essa necessidade e tornar a transação lucrativa.

Já para Penteado Filho (1987), marketing é um aglomerado de atividades, geralmente realizadas por uma instituição, com o intuito de atender aos desejos e às necessidades de um grupo de consumidores.

O dicionário Michaelis (2020) confere à palavra *marketing* o seguinte significado: "conjunto de recursos estratégicos e conhecimento especializado, que contribuem para o planejamento, lançamento, e aspectos essenciais para a sustentação de um produto no mercado".

Barbosa e Rabaça (2001, p. 464) apresentam uma longa definição no livro *Dicionário de comunicação*, cujo sentido pode ser assim resumido: "a execução de atividades que conduzem o fluxo de mercadorias e serviços do produtor aos consumidores finais, industriais e comerciais".

O foco na satisfação do consumidor como forma de geração de receita para a empresa é o cerne que se mantém ao longo dos anos, entre tantas e variadas definições. As novas tecnologias e a evolução no pensamento da sociedade tornam esse trabalho cada vez mais rápido e dinâmico, forçando o profissional a buscar meios mais eficazes de engajamento do público. Transformando-se em parte cada vez mais essencial da vida de uma empresa, as boas práticas de marketing são indispensáveis para o futuro de qualquer negócio, afinal, estão profundamente atreladas às decisões de compra do consumidor.

Para Kotler, Kartajaya e Setiawan (2017, p. 10), o marketing não depende mais da localidade nem do tamanho da empresa para ser aplicado, pois mesmo aquelas com atividades regionais podem influenciar milhões de pessoas ao redor do mundo. Além disso, a comunicação com os consumidores deixa de ser vertical, com a definição de um produto ou serviço e a centralização dos esforços de comunicação em mercados específicos, para tornar-se horizontal, com vários públicos diferentes usufruindo do que as empresas oferecem em nichos determinados. Graças ao avanço da tecnologia, é possível alcançar um número maior de pessoas, gerando um aumento relevante nas receitas da instituição, independentemente do volume de consumo individual.

Como base para fundamentar nossas discussões sobre os conceitos e as teorias do marketing, aproveitaremos os estudos de Philip Kotler e Kevin Lane Keller, com foco, especialmente, na obra *Administração de marketing* (2006, 2012).

Philip Kotler é um professor universitário americano, ministrando aulas de Marketing na Kellogg School of Management, na Universidade Northwestern. Tem mestrado e doutorado em Economia e pós-doutorado em Matemática. Já recebeu vários prêmios, sendo considerado um guru dos negócios, em 2005, pelo *Financial Times*. Prestou serviços para empresas como IBM, Michelin, General Eletric, entre outras. Além disso, é autor de diversas publicações que servem como referências na área.

Kevin Lane Keller também é professor universitário de Marketing. Vários de seus estudos foram publicados, sendo alguns deles selecionados para o *Journal of Marketing*. Atualmente, o autor trabalha como consultor em *branding* e ministra palestras em eventos e conferências.

Segundo esses autores (Kotler; Keller, 2012, p. 27), uma aplicação das boas práticas de marketing resulta de um planejamento definido e de uma execução cuidadosa. Contudo, os autores apontam que raramente se alcança a excelência nessa área, definindo-a como uma "arte" e uma "ciência".

Operar com excelência em marketing não é simples, uma vez que a prática envolve muitas decisões vitais capazes de influenciar na escolha do consumidor, como características do produto, preço, locais de venda, formas de entrega, qualidade, durabilidade, facilidade de aquisição, momento de compra, comentários de outros compradores, produtos relacionados e políticas de troca. Em suma, inúmeros pontos devem ser analisados para nortear a estratégia que se utilizará.

Para Kotler e Keller (2012, p. 4), os profissionais da área envolvem-se na troca de diferentes tipos de produtos, como:

- Bens: bens tangíveis ou produtos.
- Serviços: exercício de qualquer atividade ofertada em forma de trabalho.
- Eventos: acontecimentos que podem ter objetivos institucionais, comunitários ou promocionais.
- Experiências: algo obtido por meio de sentidos e sentimentos.
- Pessoas: celebridades, artistas, músicos, políticos e afins.
- Lugares: cidades, estados, regiões, países e afins.
- Propriedades: casas, comércios, ações, títulos e afins.
- Organizações: combinados de empresas e trabalhadores individuais que têm como objetivo realizar propósitos coletivos.
- Informações: experiências e especificações relacionadas ao produto ou ao serviço.
- Ideias: opiniões de indivíduos ou grupos sociais.

No marketing, utiliza-se o termo *mercado* para abranger vários grupos de clientes. Kotler e Keller (2012, p.07) classificam-no da seguinte maneira:

- Mercado consumidor: trata-se do mercado de consumo em massa.
- Mercado organizacional: corresponde à venda de bens e serviços de empresa para empresa.
- Mercado global: relaciona-se às transações entre países, importação e exportação.
- Mercado sem fins lucrativos: também conhecido como *terceiro setor* e *governamental*, compreende empresas que ofertam seus produtos a instituições que não têm o lucro como finalidade, como igrejas, instituições de caridades e afins.

Figura 1.1 – Relações simples de marketing

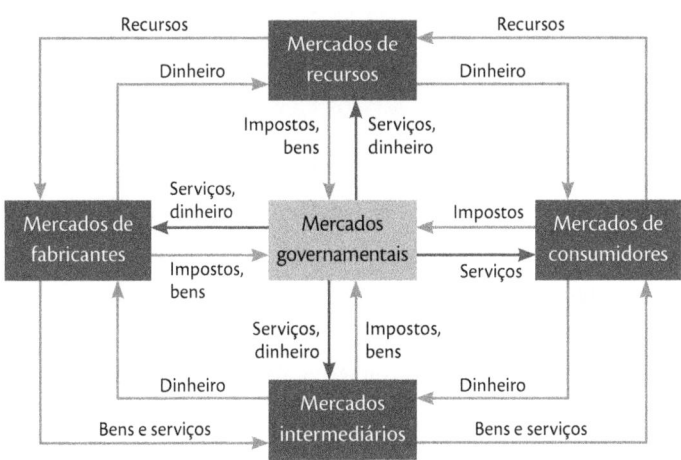

Fonte: Kotler; Keller, 2012, p. 6.

Nessa figura, é possível observar as relações entre os mercados privados e governamentais, bem com a interdependência entre eles. O que há em comum entre todas essas relações é a troca de bens ou serviços por de dinheiro.

O mercado, para Kotler e Keller (2012, p. 6), nada mais é do que o "conjunto de compradores e vendedores que efetuam transações relativas a determinado produto ou classe de produto (mercado imobiliário ou de grãos, por exemplo)".

Figura 1.2 – Sistema simples de marketing

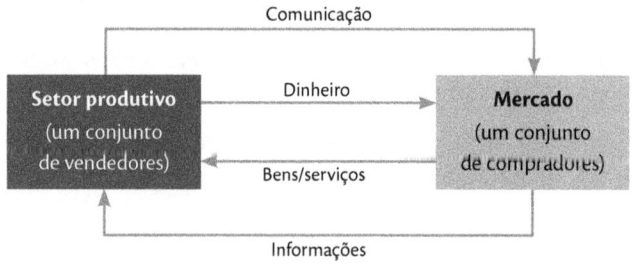

Fonte: Kotler; Keller, 2012, p. 8.

1.2 Introdução aos fundamentos do marketing

Muito se fala sobre marketing e marketing digital; alguns estudiosos até diferem um do outro, mas a grande maioria os aproxima. A principal diferença entre as duas vertentes está nos meios utilizados para a comunicação e a divulgação. Basicamente, o digital opera por meio da internet, independentemente dos dispositivos utilizados – *smartphones*, aparelhos de TV, *smartwatches*, computadores etc.

Na comunicação de marketing, há a divulgação de um produto ou serviço conforme uma estratégia traçada. Há alguns anos, os meios mais utilizados por essa área eram a televisão, o rádio e os impressos, como revistas e jornais. Além disso, as propagandas realizadas nas ruas – com panfletagem e, até mesmo, carros de som – também eram consideradas como ferramentas robustas.

Contemporaneamente, a internet corresponde ao principal meio empregado e, com sua força crescente, destaca-se trazendo bons resultados para as empresas, variando em canais e abordagens, como *sites*, redes sociais, *smartwatches*, *smartphones* e *smart TVs*. Essas novas tecnologias não transformaram apenas a comunicação, mas também o pensamento do consumidor, provocando o surgimento de novos estudos de tendências, comportamentos e padrões emocionais.

Até o fim do século XX, as propagandas publicitárias consistiam em "mostrar e vender", ou seja, exibia-se o produto ao cliente para que seu desejo de compra fosse estimulado, gerando, assim, sua demanda. Visto que as formas de compra se modificaram e se tornaram mais imediatistas e perecíveis, faz-se necessário identificar e satisfazer as necessidades dos clientes com maior agilidade, bem como entregar soluções quase que instantâneas.

Entre as várias definições existentes de marketing, elegemos uma, por Kotler e Armstrong (2003, p. 30, grifo nosso), como base: "Marketing é um processo social, pelo qual se cria valor, e se constrói relacionamentos baseados em trocas". Algumas palavras da definição dos autores merecem destaques: *valor, relacionamentos* e *trocas*. Esses termos permeiam todo o processo de conversação entre empresa e consumidor. Por isso, a análise do comportamento humano é fundamental para essa área. Para conquistarem a lealdade das pessoas, os profissionais e as empresas precisam compreender como as pessoas "funcionam" com máxima profundidade.

1.2.1 O processo do marketing

É importante ter em mente que o valor corresponde a um dos conceitos centrais desse sistema. Ele representa a soma de todos benefícios do produto – tangíveis, intangíveis, financeiros, emocionais – envolvidos no processo de aquisição. O sucesso do negócio depende não só desse valor agregado – que deve satisfazer o cliente – como também das outras áreas integradas ao marketing para melhor fluidez do processo como um todo.

Esse valor se reflete nos meios digitais com o surgimento de defensores da marca, conforme mencionam Kotler, Kartajaya e Setiawan (2017, p. 66), quando os consumidores não apenas veem valor em uma empresa e em seus produtos, mas estão tão alinhados com seus ideais que deixam de ser apenas pessoas impactadas para se tornarem "advogados" desses valores. Esse é o cenário ideal visado pelas empresas atualmente. Para chegar a esse nível, o processo de criação da estratégia de marketing deve ser bem definido e claro tanto para os profissionais envolvidos diretamente quanto para as pessoas que são indiretamente afetadas.

Kotler e Keller (2012, p. 37) assim definem os processos de criação da estratégia:

- Processo de compreensão do mercado: atividades relacionadas à coleta de informações sobre o mercado.
- Processo de realização de uma nova oferta: atividades relacionadas às pesquisas, ao desenvolvimento e ao lançamento de produtos.
- Processo de aquisição de cliente: atividades relacionadas à definição dos mercados-alvo e à prospecção de novos clientes.
- Processo de gerência de relacionamento com clientes: atividades relacionadas à melhoria do entendimento e do relacionamento com o cliente.
- Processo de gerência do processo do pedido: atividades relacionadas à melhoria, ao recebimento e à aprovação de pedidos.

O marketing contemporâneo, de acordo com o processo de administração proposto pelos dois autores, baseia-se em dois grandes pilares: criar valor e capturar valor. Dividiremos o primeiro em quatro passos:

1. entender as necessidades;
2. elaborar uma estratégia;
3. *mix* de marketing;
4. construir relacionamento.

A seguir, veremos o primeiro desses itens de forma detalhada. Os demais serão abordados no próximo capítulo.

1.2.2 Entendendo as necessidades

O primeiro passo do planejamento de marketing envolve entender as necessidades do consumidor. Para tal finalidade, desenvolvem-se mais cinco etapas:

1. identificar a necessidade do consumidor, criar o desejo do indivíduo de adquirir o produto ou serviço e gerar demanda;
2. planejar como será o produto, serviço ou experiência ofertada pela marca;
3. definir qual é o valor da oferta e quais sentimentos ela desperta no público-alvo;
4. receber opiniões de troca e manter um relacionamento com o consumidor;
5. entender como o mercado funciona.

Neste capítulo, detalharemos cada uma dessas etapas, exceto a última, referente ao mercado, que será examinada no capítulo 2.

1.2.2.1 Necessidades, desejos e demanda

Um dos papéis do marketing constitui-se em gerenciar a demanda do consumidor, definida pelos autores como a capacidade de adquirir um produto que deseje (Kotler; Keller, 2012, p. 8), ou seja, trata-se de uma carência de algo desejado. Nesse sentido, a necessidade não precisa ser apenas de objetos materiais, podendo também remeter a experiências intelectuais, emocionais e afetivas.

Devemos entender que a necessidade faz parte da essência do consumidor, não sendo possível gerá-la. Sua origem é instintiva, psicológica e biológica. Uma empresa, uma marca ou um produto não pode criar uma necessidade nas pessoas, senão atuar no desejo de satisfação em troca de uma transação monetária. Note que as ideias de necessidade e desejo se entrelaçam, pois algo necessário pode ser desejado e vice-versa. Desse modo, cabe ao marketing identificar quais são as necessidades que o consumidor tem. Algumas estratégias de mercado podem ser adotadas para essa finalidade, como as pesquisas de mercado, as sondagens de opinião e o contato com o consumidor.

Apesar de a necessidade estar presente nos indivíduos, muitas vezes eles não se dão conta dela. O trabalho do profissional de marketing também envolve antecipar os desejos dos consumidores, buscando soluções para problemas que as pessoas ainda não sabem que têm. Comumente, observamos consumidores, no momento de acesso ao novo produto, declararem coisas como "Não sei como eu vivi sem isso antes", ou "Como eu não pensei nisso antes", ou, então, "Esse produto é o que preciso".

Para amplificar o conhecimento sobre as questões da necessidade, cabe acrescentar às ideias de Kotler e Keller (2012, p. 173) os estudos de Maslow, que desenvolveu uma pirâmide para identificar as necessidades humanas e suas prioridades. A pirâmide de Maslow divide-se em cinco tipos diferentes de necessidades humanas, ficando as necessidades essenciais para a sobrevivência em sua base e as necessidades de realização para a completude de satisfação humana em seu topo. Os autores observam que, ao longo dos anos e das mudanças sociais, esse esquema possivelmente sofreu, ou virá a sofrer, mudanças. Alguns estudos chegam a considerar as necessidades de autorrealização como sendo primárias.

Aqui, para fins metodológicos, consideraremos a pirâmide original (Figura 1.3). Com ela, Maslow identifica que, quanto mais camadas o indivíduo apresentar, melhor ele se sentirá como ser humano.

Figura 1.3 – Pirâmide de Maslow

Fonte: Kotler; Keller, 2012, p. 173.

Vejamos alguns exemplos de cada uma das camadas do esquema:

1. Necessidades fisiológicas: respiração, alimento, água, sexo, descanso.

2. Necessidades de segurança: física, profissional, moral e financeira.

3. Necessidades sociais: amizade, família, relacionamento.

4. Necessidades de estima: confiança, êxito, respeito.

5. Necessidades de autorrealização: moralidade, criatividade.

As necessidades, quando são direcionadas a produtos ou serviços capazes de satisfazê-las, tornam-se desejos. Estes são muito mais abrangentes, extrapolando o campo do que é essencial. O marketing atua justamente nesse processo, focando o desejo, com o intuito de atender à necessidade de uma demanda que define a existência de um mercado para um produto.

Assim, o fundamental é identificar necessidades – potenciais desejos – em aberto em um público-alvo. A partir disso, inicia-se o processo de criação de um produto ou serviço que desperte sua vontade de compra. Por fim, é preciso identificar se o produto é possível de ser adquirido por esses potenciais clientes.

Os desejos, ao contrário das necessidades, podem ser despertados e suscitados nas pessoas por meio do marketing. Isso porque são produzidos pelos estímulos que os indivíduos recebem dentro do ambiente em que vivem.

Dessa forma, alguns gatilhos podem desencadear o desejo de consumo, como no caso de identificarmos que as pessoas em nosso meio social ou familiar usam determinado produto. Além disso, estamos inseridos em uma sociedade na qual o fato de adquirir mais produtos e serviços gera a sensação de pertencimento. Quando consumimos a mesma coisa que as pessoas em volta, há uma sensação de aceitação pelo grupo instaurada inconscientemente.

Diante disso, para o marketing, é preferível trabalhar com o desejo a trabalhar com a necessidade. No entanto, visto que ambos estão intimamente ligados, lidar com um aspecto ainda demanda conhecimento da outra. Somente por meio da identificação das necessidades é que se torna possível ofertar algo de valor.

Uma pessoa que necessita de algo vital pode suprir essa necessidade por pura obrigação, sem prazer na solução do problema. Porém, quando uma pessoa vê prazer em algo que antes era apenas necessário, passa a dar muito mais valor à ação realizada. Comer é um bom exemplo disso; mesmo que se trate de uma necessidade básica, a experiência de se alimentar num ambiente agradável e com temperos bem selecionados dá muito mais prazer do que simplesmente ingerir ingredientes brutos. Portanto, além de necessitar de algo, o público-alvo deve desejá-lo, de forma que identifique um diferencial oferecido, comunicado, e o agregue à marca já com *status* de valor. Para isso, devem ser escolhidas as melhores ferramentas e mídias para comunicar as características, reais ou não, que agregam esse valor ao produto.

Entretanto, apenas o desejo do consumidor de possuir algo não basta, faz-se necessário convertê-lo em ação de compra. Quando a empresa possui um produto que consegue despertar o desejo do público, mas não incentiva sua compra, há um sinal de que as ações de marketing e comunicação não são efetivas.

Quando há a conversão do desejo em ação de compra, surge então a demanda. Nessa etapa, os objetivos do marketing devem se concretizar.

Barbosa e Rabaça (2001, p. 213), no *Dicionário de comunicação*, definem *demanda* como

> A procura pela aquisição de determinado produto ou serviço, por parte do consumidor. Forma proveniente de um conjunto de consumidores que, embora apresentem diferentes preferências, compartilham uma mesma necessidade. A demanda depende de uma série de fatores interligados: da parte do consumidor, suas preferências, expectativas, desejos, necessidades, poder de compra etc.

Os autores apresentam, ainda, outras definições específicas, como a demanda complementar, que acontece conforme um produto exige outro. Já a demanda inter-relacionada ocorre quando a demanda de dois produtos relacionados é afetada por conta do preço de um deles. Para Barbosa e Rabaça (2001, p. 213), há, também, a conjunção entre "demanda e pressões", que são determinados comportamentos sociais ou pessoais esperados de certos públicos para a aquisição de produtos ou serviços específicos, isto é, "forças que atuam sobre o sistema organizacional, determinando atitudes e modificações no planejamento de comunicação e até mesmo nas estratégias de uma instituição".

Diversos outros tipos são considerados pelos autores, listados aqui a título de curiosidade: demanda conjunta, demanda declinante, demanda excessiva, demanda indesejável, demanda inexistente, demanda irregular, demanda latente, demanda negativa, demanda plena e *demarketing*.

Kotler e Keller (2012, p. 87) sugerem a existência de até 90 tipos de estimativas de demanda. Estas podem ser medidas com base em seis níveis de produtos – vendas totais, setoriais, da empresa, da linha de produtos, de forma de produtos e de item –, cinco níveis espaciais – mundo, país, território, região e cliente – e três temporais – curto, médio e longo prazo.

Figura 1.4 – Noventa tipos de estimativa de demanda

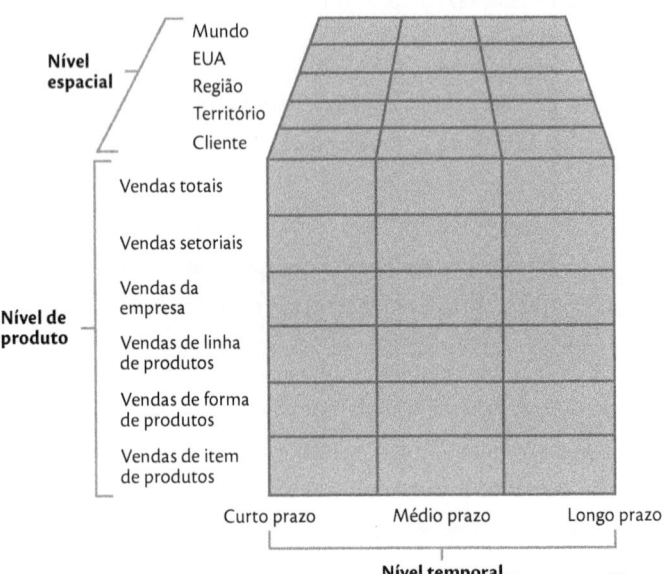

Fonte: Kotler; Keller, 2012, p. 87.

Pela Figura 1.4, podemos observar que os itens se relacionam entre si, como em uma matriz tridimensional. Note que os níveis de produtos podem ter abrangências de tempo e espaço distintos, de forma que cada um deles recebe uma análise diferente. Imagine a compra de um serviço *online*, como um *software* corporativo de banco de dados. Nesse caso, haveria um item de produto (eixo vertical de nível de produto), de compra em curto prazo baseada na necessidade instantânea (eixo horizontal de nível temporal) em escala global (eixo perpendicular de nível espacial).

Por fim, Kotler e Keller (2012, p. 87) indicam que a demanda seja o passo inicial do processo de uma empresa na avaliação da pesquisa de um mercado.

Resumindo o processo desse tópico, podemos afirmar que o marketing trabalha para identificar a necessidade do consumidor. A partir disso, prepara-se uma oferta que a satisfaça. Em seguida, inicia-se o trabalho de criação de desejo por aquele produto, buscando-se a ação efetiva de compra do cliente.

1.2.2.2 Produtos, serviços e experiências

Para Kotler e Keller (2012, p. 36), o produto nada mais é do que algo capaz de atender às necessidades e/ou o desejo das pessoas. Normalmente, relaciona-se ao usufruto de um bem físico cuja posse se obteve por meio da troca.

Na definição de Barbosa e Rabaça (2001, p. 591), um produto constitui-se em um "objeto físico, serviço, instituição, personalidade, lugar ou ideia trabalhada de maneira a possuir o valor de troca em determinado mercado". Eles, ainda, diferenciam entre produto genérico e produto ampliado. Este corresponde ao "conjunto de benefícios que o consumidor recebe ao adquirir um produto tangível. Inclui serviços, garantia;

assistência técnica, financiamento, prazo de entrega, embalagem etc." (Barbosa; Rabaça, 2001, p. 591). Aquele, por sua vez, define-se como o "benefício embutido no produto tangível, que satisfaz uma necessidade do consumidor e o motiva à compra".

Em resumo, um produto corresponde a um conjunto de benefícios emocionais pelo qual alguém está disposto a pagar. Porém, as definições do termo de *benefício* podem ser bastante variadas no marketing, abrangendo lugares, pessoas, ideias, organizações, instituições, entre outros elementos.

A noção de benefício está relacionada à ideia de valor – correspondendo às vantagens percebidas no ato da compra –, bem como à satisfação das necessidades e dos desejos do consumidor. Há dois tipos de benefícios: os emocionais e os funcionais. Estes dizem respeito ao produto em si, ou seja, à sua funcionalidade. Já aqueles provêm indiretamente dele, correspondendo às emoções que desperta no consumidor. Por exemplo, a compra de um veículo proporciona, como benefício funcional, a locomoção de um lugar ao outro e, como benefícios emocional, o *status*, a segurança, o conforto, entre outros.

Dessa forma, as marcas visam à oferta de produtos benéficos ao consumidor, considerando que, quanto mais benefícios os clientes perceberem, maior será o valor conferido por eles. Consequentemente, a valorização predispõe positivamente o público ao consumo.

No tangente a essa questão, Kotler e Keller (2012, p. 296) propõem um conceito conhecido atualmente como "a miopia do marketing". Este se refere ao erro comum de prestar atenção apenas ao produto, deixando de lado seus benefícios e vantagens. Ou seja, ofertar ou vender um produto por si só não basta, faz-se necessário informar ao consumidor as experiências que ele proporciona, bem como as facilidades que pode garantir em seu dia a dia.

Além disso, Kotler e Keller (2012, p. 349) dividem os produtos nas seguintes categorias:

- Produtos tangíveis: classificação referente à natureza do produto – compreende aqueles que são palpáveis.
- Produtos intangíveis: classificação referente à natureza do produto – compreende aqueles que são impalpáveis.
- Produtos duráveis: classificação referente à duração do produto – compreende aqueles que, após seu consumo, não deixam de existir, sendo reutilizáveis.
- Produtos não duráveis: classificação referente à duração do produto – compreende aqueles que, após seu consumo, deixam de existir.
- Produtos de conveniência: classificação referente à visão do consumidor, compreende aqueles que foram adquiridos por sua proximidade com o consumidor e que se tornaram convenientes para ele. Geralmente, são adquiridos sem muita análise. Podem ser subdivididos em compras por necessidades básicas, compras por impulso ou compras por emergência.
- Produtos de compra comparada: classificação referente à visão do consumidor – compreende aqueles adquiridos mediante ampla pesquisa. Normalmente, esses produtos são, também, duráveis e com alto valor agregado. Para a tomada de decisão de compra, nesses casos, o consumidor faz uma longa análise para uma decisão racional. Por outro lado, são produtos que fidelizam mais o cliente.

Kotler e Keller (2012, p. 371) subdividem, ainda, os produtos em cinco níveis de hierarquia: produto de benefício central, produto básico, produto esperado, produto ampliado e produto potencial. A cada um deles, agregam-se custo e valor. Observe a Figura 1.5.

Figura 1.5 – Os cinco níveis de produto

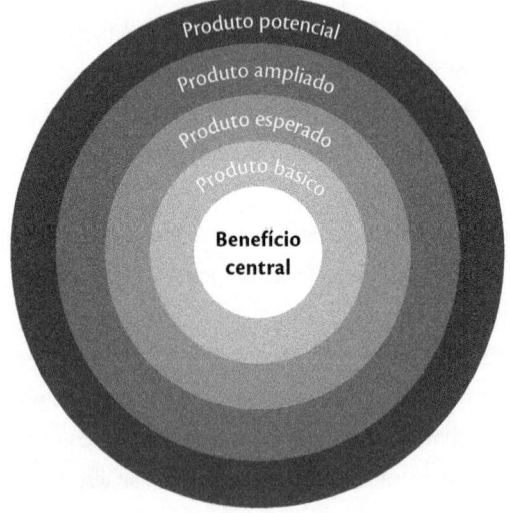

Fonte: Kotler; Keller, 2012, p. 348.

Definido o conceito de produto, vejamos agora o que são serviços.

Um serviço não está relacionado a algum objeto físico. No momento em que o indivíduo adquire um serviço, ele não o tem para si como algo palpável.

Segundo Kotler e Keller (2012, p. 352), as empresas prestadoras de serviços fomentam a economia mundial. Para compreender tal afirmação, é preciso entender seus aspectos fundamentais. Os autores explicam que um serviço é um ato ou um desempenho, de qualquer natureza, intangível, mesmo que sua execução esteja relacionada a um produto concreto.

Há inúmeras instituições ligadas à prestação de serviços, como organizações não governamentais (ONGs), empresas governamentais, hospitais, empresas relacionadas ao ensino, empresas e/ou funcionários autônomos que realizam serviços de reparos e consertos, empresas com fins religiosos, entre outros.

Para Zeithaml e Bitner (2003), como na prestação de serviços os processos realizados entre a oferta e a satisfação do cliente são longos, muitos pontos devem ser observados na busca por excelência. Isso insere esse tipo de trabalho em um movimento de constante mudança. As etapas que merecem atenção, segundo os autores, são:

1. Ouvir: deve-se estar disposto a escutar o que o cliente realmente deseja, para atendê-lo melhor.
2. Serviço básico: é essencial fazer com excelência o básico do que é oferecido pelo serviço.
3. Confiabilidade: gerar confiança no trabalho deve ser prioridade.
4. *Design* do serviço: a parte visual do serviço deve ser atrativa, bem como todos os detalhes que a envolvam.
5. Reparação: é necessário ter um sistema ágil de reparação que atenda com eficácia o cliente e solucione seu problema
6. Surpreender o cliente: é preciso ir além do que o serviço oferta, suprindo a expectativa do cliente, com rapidez, boa vontade, cortesia, compromisso, pontualidade, entre outros aspectos.
7. Justiça: é importante demonstrar ao cliente que a empresa age com justiça.
8. Trabalho em equipe: o trabalho em equipe demonstra maior agilidade e maior variação de habilidades.
9. Pesquisa com funcionários: convém realizar pesquisas com os funcionários para identificar problemas que possam surgir e ajudar a

evitá-los, além de promover uma melhor comunicação entre toda a equipe.

10. **Liderança**: boas lideranças garantem bons resultados para a empresa.

Na finalização de um serviço, usualmente se substitui o verbo *comprar* por *contratar*, uma vez que não está relacionada à posse de algo. A contratação está intimamente ligada à experiência, último conceito a ser analisado nesta subseção.

Kotler e Keller (2012, p. 564) definem *experiência* como algo que está ligado diretamente aos sentimentos e que pode, também, remeter à compra de um objeto ou à contratação de um serviço. Ou seja, basicamente o cliente deseja uma experiência, independentemente de como ele vai adquiri-la. Partindo desse princípio, os autores evidenciam que a pergunta que sempre deve ser feita é: "Qual a experiência que meu cliente terá?". Antigamente, vendiam-se produtos e serviços; atualmente, o foco deve ser na venda de experiências.

O processo do marketing para a venda envolve ofertar novas experiências ao consumidor. Caso ele se satisfaça com uma delas, não raro, ele a buscará novamente. Além disso, pode comentar com outros consumidores, gerando uma propaganda positiva e aumentando, consequentemente, a demanda.

Isso gera um valor agregado para a marca, que, a longo prazo, também deve ser mantido com o cliente. Um exemplo que podemos citar como má execução de um produto a longo prazo foi o lançamento do videogame *Mario Run*, uma vertente do *Mario Bros* para iOS e para Android, desenvolvido pela Nintendo.

A empresa, em busca de inovação, criou o jogo para *smartphones*, disponibilizando gratuitamente algumas fases. Depois, era necessário comprar a continuidade. No momento do lançamento, aconteceram 80 milhões de *downloads*. Porém, desses, apenas 4 milhões converteram-se em venda. O próprio presidente da empresa veio a público confessar a decepção com a campanha. Nesse caso, o produto teve grande sucesso, mas sua experiência nem tanto. Ou seja, a longo prazo, o resultado não atingiu o esperado.

Por meio das experiências, cria-se o desejo nos consumidores, atendendo-se, assim, suas necessidades. Para Kotler e Keller (2012, p. 565), os clientes esperam algo do produto ou serviço, e suas decisões de compra baseiam-se nessas expectativas.

Em resumo, esta subseção abordou a importância do desenvolvimento de um bom produto ou serviço para que o consumidor seja capaz de ter boas experiências. Estas alavancam a aceitação pela marca, geram fidelização do cliente, aumentam as demandas e agregam valor. A seguir, discutiremos mais profundamente os conceitos de valor e de satisfação do consumidor

1.2.2.3 Valor e satisfação

Como já observamos, quando se planeja uma ação de marketing, devem-se identificar as necessidades, os desejos e a demanda dos clientes, a fim de garantir sua satisfação de forma a torná-los dispostos a pagar pelo que é ofertado.

Mas o que tornaria a sociedade ou o indivíduo mais satisfeito? A satisfação está inteiramente ligada à ideia de experiência. Uma boa experiência gera um indivíduo satisfeito, e uma má experiência gera um indivíduo insatisfeito. Essas experiências são geradas por meio de um produto ou serviço.

A empresa com conhecimento acerca de seu público-alvo vai ofertar diferenciais que, ao serem comunicados, precisam ser identificados pelo público como algo real. Com a percepção de seus benefícios pelo público, o produto passa a ter um valor agregado maior.

Kotler e Keller (2012) afirmam que o consumidor percebe os benefícios do produto ou do serviço e os reflete em seu valor. Portanto, os custos do produto ou do serviço devem ser percebidos na experiência proporcionada por seu consumo, de forma que

> O valor percebido pelo cliente é a diferença entre a avaliação que o cliente potencial faz de todos os benefícios e custos relativos a um produto e as alternativas percebidas. Já o benefício total para o cliente é o valor monetário de um conjunto de benefícios econômicos, funcionais e psicológicos que os clientes esperam de determinado produto em função de produto, pessoal e imagem. O custo total para o cliente é o conjunto de custos que os consumidores esperam ter para avaliar, obter, utilizar e descartar um produto incluindo os custos monetário, de tempo, de energia física e psicológico. (Kotler; Keller, 2012, p. 131, grifo do original)

Além disso, os autores destacam a necessidade de proporcionar valor para que o público-alvo se satisfaça, tornando a oferta bem-sucedida. Isso porque a percepção de valor influencia diretamente na satisfação do consumidor e na relação que ele criará com a empresa. Um bom exemplo é o caso do iPhone; muitos se dispõem a pagar um alto valor por esse produto sem questionamentos, apenas por terem uma boa percepção dele, construída ao longo do tempo, havendo, pois, uma boa recepção pelo público consumidor.

Atualmente, com a economia cada vez mais fomentada, os clientes têm muitas opções e estão mais racionais nos atos de compra. Por isso,

Kotler e Keller (2012, p. 36) ressaltam que gerar valor ao cliente é o dever de qualquer negócio.

O processo de entrega de valor pode variar de acordo com o produto fornecido. Por exemplo, os objetos de primeira necessidade, que apresentam uma demanda constante, têm um processo de entrega de valor menor do que os produtos com alta competitividade no mercado.

Kotler e Keller (2012, p. 37) dividem esses processos em:

- Processo de compreensão do mercado: coleta de informações sobre o mercado.
- Processo de desenvolvimento de nova oferta: pesquisa e lançamento de novos produtos.
- Processo de conquista de clientes: definição de mercado e de públicos-alvo.
- Processo de gestão de relacionamento com clientes: construção de relacionamento com o cliente.
- Processo de gestão completa do pedido: trabalho de logística e tarefas administrativas.

É preciso ter em mente a construção desses processos, considerando-se desde sua formulação tradicional até o desenvolvimento atual. As definições dos processos de entrega de valor tradicional estão ilustradas na Figura 1.6.

Figura 1.6 – Primeira sequência de valor de Kotler e Keller

Fabricar o produto			Vender o produto				
Projetar o produto	Suprir	Fabricar	Definir o preço	Vender	Anunciar	Distribuir	Prestar assistência

Fonte: Kotler; Keller, 2006, p. 35.

Figura 1.7 – Canais de marketing de bens de consumo e de marketing industrial de Kotler e Keller

(a) Canais de marketing de bens de consumo

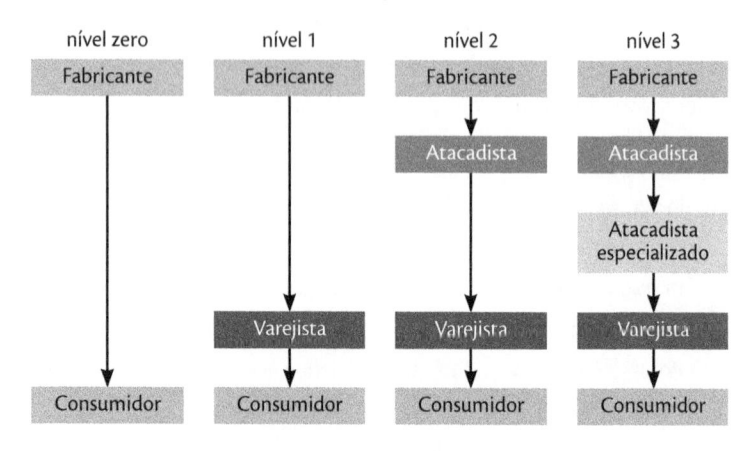

nível zero	nível 1	nível 2	nível 3
Fabricante	Fabricante	Fabricante	Fabricante
		Atacadista	Atacadista
			Atacadista especializado
	Varejista	Varejista	Varejista
Consumidor	Consumidor	Consumidor	Consumidor

(b) Canais de marketing industrial

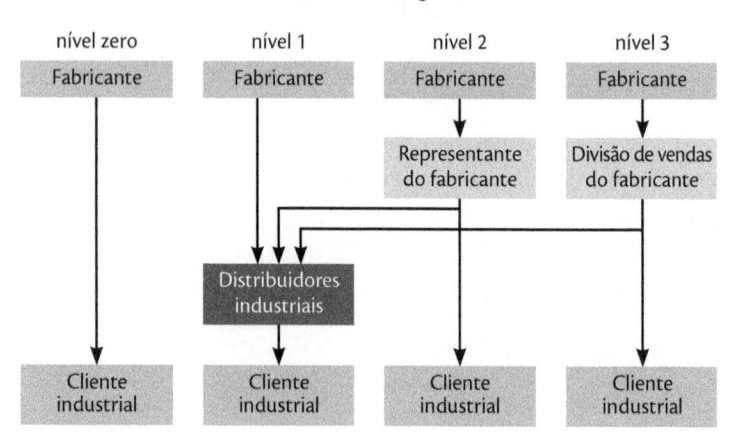

nível zero	nível 1	nível 2	nível 3
Fabricante	Fabricante	Fabricante	Fabricante
		Representante do fabricante	Divisão de vendas do fabricante
	Distribuidores industriais		
Cliente industrial	Cliente industrial	Cliente industrial	Cliente industrial

Fonte: Kotler; Keller, 2012, p. 453.

Nenhum consumidor contrata um serviço ou compra um produto apenas por seu preço, mas também por seu valor percebido, ou seja, mediante avaliação dos benefícios em relação aos custos para adquiri-lo. Para melhorar a percepção do público, uma marca deve trabalhar em processos de produção de valor. Isso envolve desde o local de venda, passando pela forma de comunicação com o cliente, até o preço agregado ao produto.

Quanto a esse aspecto, um bom exemplo é o caso da marca de sandálias Havaianas, que, num primeiro momento, eram vendidas para um público com baixo poder aquisitivo, quase não tinham valor agregado, tinham uma apresentação simples, além de serem encontradas em mercados e lojas pequenas por um baixo preço. Atualmente, seus produtos encontram-se em lojas de *shoppings* e em ruas conhecidas pela presença de lojas de marcas caras, como a Oscar Freire. A estratégia de marketing das Havaianas foi agregar valor ao produto; uma vez que o consumidor passou a perceber esse valor, naturalmente se dispôs a pagar mais caro por elas.

A estratégia de criação de valor da marca só terá resultado se a empresa compreender as reais necessidades do cliente, a fim de que os benefícios ofertados sejam capazes de satisfazê-las. Outro aspecto importante é o custo, porque preços altos para benefícios baixos desmoralizam o serviço ou o produto.

A satisfação do cliente vai além do valor percebido por ele, na medida em que um indivíduo pode estar satisfeito com o produto adquirido, mas perceber maior valor no ofertado pelo concorrente.

Existem diversas maneiras de gerar valor para o cliente. De modo a organizá-las, Porter (1985) elaborou a cadeia de valor genérica (Figura 1.8), também utilizada por Kotler e Keller (2012, p. 36). Ela se baseia em cinco tarefas primordiais: projetar, produzir, comercializar, entregar e sustentar o produto. Além disso, divide-se em dois tipos de atividades:

- **Atividades principais:** são processos essenciais para a manufatura do produto vendido, envolvendo o transporte de materiais para dentro da empresa (logística interna); o processo já estabelecido para transformar a matéria-prima na versão de prateleira (operação); o transporte e a entrega do produto para o distribuidor (logística externa); todo o processo de estudo de mercado e venda para o consumidor final (marketing e vendas); e prestação de assistência técnica (atendimento ao cliente).
- **Atividades de apoio:** consistem em adquirir recursos, desenvolver tecnologia e gerenciar os recursos humanos e a infraestrutura da empresa.

Figura 1.8 – Cadeia de valor genérico

Cadeia de Valor de Porter					
Coordenação Administrativa e Serviços de Apoio					
Administração de Recursos Humanos					
Desenvolvimento Tecnológico					
Obtenção de Recursos					
Logística interna	Operações	Logística Externa	Marketing e Vendas	Atendimento ao Cliente	

(Competitiva / Vantagem)

Fonte: Porter, 1985, tradução nossa.

Por fim, Kotler e Keller (2006, p. 36) afirmam que o processo de geração de valor começa antes da criação do produto, conforme mencionado anteriormente. Nesse sentido, os autores apresentam algumas fases para o processo de entrega de valor:

1. **Tempo zero de *feedback* do cliente**: a fim de melhorar tanto o produto quanto o marketing, sugere-se que a empresa continue a coleta de informações após a aquisição pelo consumidor.
2. **Tempo zero de melhoria do produto**: as melhores ideias, provenientes de clientes e de funcionários, devem ser incorporadas ao sistema de criação o mais rápido possível.
3. **Tempo zero de compra**: é fundamental que se cumpram os prazos estipulados nos acordos com fornecedores, de modo a evitar atraso na produção, reduzindo-se os custos e o estoque.
4. **Tempo zero de ajuste**: a empresa deve ter capacidade para produzir as encomendas assim que os pedidos chegam, sem enfrentar custos adicionais.
5. **Defeito zero**: os produtos devem ser isentos de defeitos.

A coleta de informações é essencial para que a empresa compreenda a avaliação dos produtos pelos clientes, bem como suas expectativas. Atualmente, não só as empresas conseguem avaliar seus clientes de forma ampla, como o contrário também é possível, o consumidor pode comparar e avaliar as marcas sem grandes esforços. Por isso o valor percebido pelo cliente se tornou mais importante do que nunca.

O conceito de valor percebido pelo cliente (VPC) de Kotler e Keller (2012, p. 130) está ligado diretamente a uma fórmula simples, corresponde à percepção que o cliente tem de todos os benefícios de um produto e a diferença de valor em comparação com o seu similar. Por exemplo, um cliente pode optar por pagar mais por determinado produto com uma aparência mais elaborada, pois o visual é um benefício intangível que afeta sua percepção.

Por fim, o valor baseia-se na diferença entre o que o cliente ganha e o que ele dá pelas opções disponíveis. Em qualquer situação, o cliente sempre tem benefícios em suas aquisições e assume custos por isso.

1.2.2.4 Trocas e relacionamentos

Segundo Kotler e Keller (2006, p. 5), o marketing baseia-se na satisfação de desejos por meio da troca. Em teoria, busca estratégias em que as partes envolvidas estabeleçam uma relação "ganha-ganha" – quando tanto o vendedor quanto o consumidor saem ganhando –, objetivando reter os clientes a longo prazo, além de atrair novos. Os aspectos definidores dessa relação de troca são os seguintes:

- existem pelo menos duas partes envolvidas;
- cada parte tem algo de valor que possa dar para a outra parte;
- cada parte é capaz de se comunicar e de fazer a entrega;
- cada parte é livre para aceitar ou rejeitar a troca.

Para uma boa efetividade nesse processo de troca, torna-se importante um conhecimento aprofundado sobre o público-alvo da marca, de modo a atender às suas necessidades e aos seus desejos. No fim, a troca representa o resultado esperado da empresa: o momento da conversão da venda. Esta, por sua vez, compreende uma série de conceitos implícitos a serem considerados.

Primeiro, a empresa deve ter ciência de que sua principal finalidade é conseguir vendas suficientes para se manter no mercado. Caso contrário, a marca não se estabelece e suas atividades se tornam inviáveis.

Em segundo lugar, sem esforço estratégico de marketing não há como desencadear vendas suficientes. Fundamentalmente, a elaboração dos planos de venda deve se alinhar ao calendário de ações de comunicação, de modo que a empresa alcance o resultado esperado. Existem estratégias de comunicação que podem induzir os consumidores a realizar compras em períodos estratégicos, aproveitando a sazonalidade ao longo do ano.

E, por fim, é preciso manter os consumidores ativos, consolidar um relacionamento para mantê-los fiéis às soluções que a empresa oferece e, paralelamente, ir em busca de novos clientes.

As organizações, para Kotler e Keller (2012, p. 131), precisam incluir em sua missão a satisfação de seu público. Para tanto, faz-se necessário conhecer quais são as expectativas dos consumidores em relação ao produto ofertado. Uma vez que ele atenda a essas expectativas, deve-se reforçar o relacionamento, buscando maior lealdade do cliente à marca. Por exemplo, uma empresa que vende garrafinhas de água pode perceber que seu público é mais consciente ecologicamente e informar que o plástico das garrafas é reciclável – nessa situação, o consumidor fica satisfeito em saber que o ato de compra é também um ato sustentável e dará preferência a essa empresa em relação a outras que não comuniquem a mesma preocupação ecológica. A satisfação do cliente varia de acordo com o serviço ou produto ofertado e também com o perfil do mercado de consumo.

Síntese

O marketing corresponde a um conjunto de processos com o objetivo de criar, comunicar e entregar valor para os clientes e os demais interessados no sucesso do produto (fornecedores, acionistas, funcionários, comunidade etc.), escolhendo mercados compatíveis com seus produtos ou serviços e retendo clientes com a criação de valor. Isso é realizado por meio do planejamento estratégico, que consiste em dar forma aos produtos do negócio, traduzindo os estudos de mercado, de produto e de concorrência em benefícios ao consumidor. Este, em resposta, aceita pagar o valor equivalente à qualidade e à percepção que tem do produto, gerando lucro para a empresa e permitindo o crescimento almejado.

Questões para revisão

1. Qual e a definição de marketing para Kotler e Keller (2012)?
2. O que é o processo de compreensão de mercado?
3. O que é demanda para Barbosa e Rabaça (2001)?
   a. A oferta de um produto por uma empresa.
   b. A procura de um produto por parte do consumidor.
   c. Os pedidos de adaptação do produto por parte do consumidor.
   d. A quantidade de reclamações que o atendimento ao cliente recebe.
   e. O incentivo do governo para a compra de determinado produto.
4. Qual dessas definições de marketing está errada?
   a. O marketing é a elaboração e divulgação de campanhas publicitárias com o objetivo de divulgar a missão, a visão e os valores da empresa, o que pode ser feito por meio de internet, TV, rádio ou outros meios de comunicação.
   b. O marketing compreende um grupo de atividades, comumente realizadas por uma instituição, com o intuito de

atender aos desejos e às necessidades de um conjunto de consumidores.

c. O marketing corresponde a um processo por meio do qual pessoas e grupos adquirem aquilo que necessitam e desejam, com a criação, a oferta e a livre negociação de produtos e serviços de valor com outros.

d. O marketing representa o conjunto de estratégias e ações que geram o desenvolvimento, o lançamento e a sustentação de um produto ou serviço no mercado consumidor.

e. O marketing é a execução de atividades que organizam o fluxo de mercadorias e serviços do produtor aos consumidores finais, industriais e comerciais.

5. O que são produtos duráveis?
   a. Produtos que, sob a perspectiva de sua natureza, são palpáveis.
   b. Produtos que, sob a perspectiva de sua natureza, são impalpáveis.
   c. Produtos que não deixam de existir depois de utilizados.
   d. Produtos que deixam de existir depois de utilizados.
   e. Produtos convenientes ao consumidor, geralmente adquiridos sem muita análise.

Questões para reflexão

1. Como o marketing relaciona o cliente, o mercado e a empresa?
2. Quais são os tipos de necessidades que correspondem a produtos pelos quais as pessoas podem estar dispostas a pagar?
3. É possível atender a uma demanda sem conhecer o mercado?
4. Se o marketing atende às necessidades humanas gerando lucro, que tipo de trabalho é desenvolvido sem visar ao lucro?
5. Visar ao lucro faz do profissional de marketing uma pessoa má ou egoísta?

02 Mercado e estratégias

● Conteúdos do capítulo:
- Análise de mercado.
- *Mix* de marketing.

● Após o estudo deste capítulo, você será capaz de:
1. elaborar estratégias de marketing;
2. compreender o *mix* de marketing.

2.1 Mercado

Grande parte da sociedade trabalha com o conceito de troca, seja por meio do dinheiro ou não. O mercado surge com a ideia de trocar algo por outra coisa que seja satisfatória. Conforme Barbosa e Rabaça (2001, p. 482), trata-se de um "conjunto de pessoas e/ou empresas que estabelecem entre si uma relação entre a oferta e a procura de produtos e/ou serviços e/ou capitais, inclusive determinando o surgimento e as condições dessa relação". Em resumo, com o surgimento do mercado, nascem as relações de troca e, por conseguinte, as relações entre empresa e consumidor.

Os autores complementam, ainda, afirmando que o mercado também corresponde a um "conjunto de consumidores, efetivos ou potenciais, considerado de acordo com suas características de idade, sexo, classe social, hábitos, localizações etc." (Barbosa; Rabaça, 2001, p. 482). Esses grupos determinam as trocas que desejam e o relacionamento que querem criar com as marcas.

De acordo com Kotler, Kartajaya e Setiawan (2017, p. 20), a conectividade não se constitui mais como novidade e deve ser considerada em estudos de mercado, pois este deixou de ser local para se tornar potencialmente mundial. A facilidade de acesso à informação e à opinião de outros consumidores pode tornar uma empresa ou um produto diferenciado em comparação aos seus concorrentes. Essa conectividade representa custos menores e maior contato entre empresas, funcionários, consumidores e fornecedores, reduzindo as barreiras e os processos entre o desenvolvimento de um produto e sua aquisição.

Desse modo, a interação digital e a pessoal também se aproximam, de forma que a identificação do mercado-alvo deve abranger ambas as esferas em diferentes canais e abordagens. Os canais *online*, como redes sociais, o YouTube, outras mídias digitais, e os meios tradicionais (jornal, TV e rádio) não competem entre si, mas convergem e complementam-se, proporcionando as melhores experiências, informações e recursos para que o consumidor tome uma decisão de compra.

Ainda para Kotler, Kartajaya e Setiawan (2017 p. 25), atualmente, os consumidores estão muito mais poderosos e informados. Além disso, comunicam-se entre si sobre determinado produto sem qualquer interferência da empresa que o oferta. O grande número de informações disponíveis aos consumidores torna-os advogados ou detratores da marca. Contudo, isso também gera uma saturação daquilo que entendem e absorvem de outras fontes, de modo que, para capturar sua atenção, é importante transmitir mensagens cada vez mais disruptivas e alinhadas com o que o público busca.

Considerando-se que o mercado corresponde ao conjunto de compradores reais e potenciais de um produto, fundamentalmente, é preciso filtrá-lo para definir exatamente qual é o público-alvo. É importante traçar detalhadamente o perfil do mercado que se deseja atingir.

Barbosa e Rabaça (2001, p. 482-483) conceituam diferentes tipos de mercado:

- Mercado-alvo: consumidores visados pela empresa que dividem as necessidades ou as características em comum.
- Mercado existente: aquele que atende à necessidade percebida do consumidor que dispõe de recursos para adquirir os produtos existentes.
- Mercado governamental: unidades governamentais e que realizam atividades ligadas ao governo.
- Mercado institucional: consumidores que são membros dos governos federal, estaduais e municipais. A venda para esse mercado, na maioria das vezes, envolve acordos grandes e muita burocracia.

- **Mercado organizacional:** constituído por pessoas físicas ou jurídicas que adquirem produtos e serviços que não serão utilizados para consumo pessoal. Geralmente, seus clientes são poucos, situados em localidades geográficas extremas, porém com altas cotas de consumo.
- **Mercado potencial:** aquele no qual há muita demanda pelo produto na sociedade, tornando a oferta insuficiente. É possível também que os produtos existentes no mercado não atendam às necessidades do consumidor por completo ou, até mesmo, que o produto exista para atender ao desejo do consumidor, mas este não possua recursos disponíveis para adquiri-lo.
- **Mercado produtor:** consumidores de insumos para a produção de outros insumos.
- **Mercado revendedor:** conjuntos de pessoas ou organizações que adquirem produtos para revenda ou locação.
- **Mercado teste:** área física determinada para realizar uma avaliação por amostragem, como um bairro, uma região, um ponto turístico ou uma cidade.

Para Kotler e Keller (2012, p. 198), o mercado pode ser analisado em dois principais âmbitos: análise de mercado consumidor e análise de mercado organizacional. É isso que veremos detalhadamente a seguir.

2.1.1 Mercado consumidor

Kotler e Keller (2012, p. 198) defendem que a compreensão a respeito do consumidor corresponde ao ponto central de um negócio de sucesso. É preciso conhecer o cliente de forma profunda, porque assim se torna mais fácil acertar nos produtos que serão ofertados para ele.

Os autores destacam a importância de entender os aspectos que influenciam o comportamento de compra do público, como fatores culturais, sociais, pessoais e psicológicos. São os primeiros, porém, que exercem maior influência nos hábitos de compra dos indivíduos.

Sendo os fatores culturais os mais importantes, hábitos familiares e sociais aos quais uma pessoa é exposta determinam seus objetos de desejo e suas necessidades de consumo (Kotler; Keller, 2012, p. 81). Uma criança nascida nos Estados Unidos, por exemplo, está sob influência de um modelo de consumo ligado ao sucesso, ao *status*, à eficiência, à praticidade, ao progresso, ao conforto material, à liberdade, entre outros aspectos.

Em contrapartida, uma criança de baixa renda nascida em um povoado na Índia não tem o mesmo nível de satisfação com o tipo de consumo da criança americana de classe média, uma vez que o alimento corresponde ao seu consumo primordial, cuja aquisição a satisfaz por completo. Já a criança americana precisa consumir mais produtos e serviços para obter a satisfação necessária.

Vale ressaltar, ainda, que são necessárias condições adequadas para a satisfação como produto ser completa. A criança americana só se sentirá satisfeita com o *smartphone* adquirido se também tiver condições para dispor de bons sinais de internet, por exemplo. Já a criança indiana não tem como aproveitar ao máximo os benefícios do aparelho eletrônico, o que o torna ineficaz em tais circunstâncias.

Ou seja, o mesmo produto nem sempre gera o mesmo nível de satisfação entre os consumidores, e isso, logicamente, liga-se às questões culturais e de necessidade de cada sociedade.

Há também fatores sociais que, para Kotler e Keller (2012, p. 166), são diretamente influenciados por grupos de referência, família, papéis sociais e *status*.

O grupo que exerce maior influência, nesse contexto, é a família. Para os autores, os pais e os irmãos determinam a relação que os indivíduos têm com a religião, a política e a economia. Comumente, as pessoas, depois de saírem de seu lar de origem, continuam comprando as mesmas marcas utilizadas no ambiente familiar. Além disso, carregam hábitos alimentares, de lazer e culturais para a formação de novas famílias.

A intensidade e a frequência com que as pessoas interagem com grupos de referência influenciam, direta ou indiretamente, sua vida. Estes são divididos em:

- Grupos de referência: podem exercer influência direta ou indireta sobre o indivíduo, podendo ser primário (familiares, amigos, colegas de trabalho) ou secundário (grupos religiosos, associações de classe e afins).
- Grupos de aspiração: são aqueles que os indivíduos almejam integrar.
- Grupos de dissociação: são rejeitados pelos consumidores em razão de seus valores e dos comportamento de seus consumidores.

Kotler e Keller (2012, p. 166) destacam a importância dos *status* e dos papéis sociais. Estes estão relacionados às atividades que os indivíduos exercem; já aqueles estão inseridos em cada papel. Muitas vezes, as pessoas escolhem os produtos apenas pelo *status* que podem lhes garantir.

Outros fatores de influência assinalados pelos autores (Kotler; Keller, 2012, p. 167) são os pessoais, variando segundo a idade e/ou o estágio de vida, as circunstâncias econômicas, a personalidade, a autoimagem e o estilo de vida e de valores:

- **Idade e estágio no ciclo de vida:** relaciona-se a produtos adquiridos em diferentes fases da vida, de acordo com as quais os padrões de consumo são moldados; estes podem sofrer influência da idade e de mudanças como o casamento, a espera por filhos, a mudança de carreira e afins.
- **Ocupação e circunstâncias econômicas:** a ocupação do indivíduo também influencia em suas escolhas de compra. Por um lado, ela determina a renda do consumidor e, assim, o quanto ele tem disponível para gastar com determinados produtos. Por outro, há demandas próprias em cada ocupação; por exemplo, determinadas profissões necessitam de vestimentas apropriadas, enquanto outras exigem até mesmo a compra de um automóvel.
- **Personalidade e autoimagem:** são características dos seres humanos que podem ser atreladas a uma marca, gerando um reconhecimento por parte do consumidor.
- **Estilo de vida e valores:** os estilos de vida representam os indivíduos por inteiro, bem como suas formas de interação com os ambientes aos quais são expostos. As marcas estabelecem relações entre seus produtos e pessoas pertencentes a grupos de alguns desses estilos.

Há, ainda, os aspectos psicológicos (Kotler; Keller, 2012, p. 172). Para explicá-los, os autores desenvolveram um quadro (Figura 2.1) que sintetiza estímulos e respostas do consumidor. São conjuntos de fatores que, combinados, determinam características nos indivíduos. O profissional de marketing deve tentar entender o que ocorre no inconsciente do público, a fim de estimulá-lo para despertar reações conscientes.

Figura 2.1 – Modelo do comportamento do consumidor

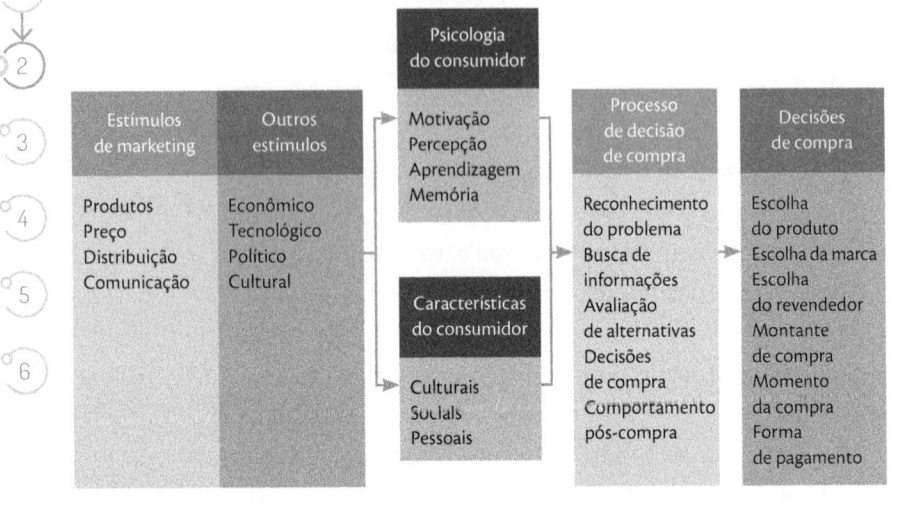

Estímulos de marketing	Outros estímulos	Psicologia do consumidor	Processo de decisão de compra	Decisões de compra
Produtos Preço Distribuição Comunicação	Econômico Tecnológico Político Cultural	Motivação Percepção Aprendizagem Memória Características do consumidor Culturais Sociais Pessoais	Reconhecimento do problema Busca de informações Avaliação de alternativas Decisões de compra Comportamento pós-compra	Escolha do produto Escolha da marca Escolha do revendedor Montante de compra Momento da compra Forma de pagamento

Fonte: Kotler; Keller, 2012, p. 172.

Existem quatro características principais na psicologia do consumidor: motivação, percepção, aprendizagem e memória.

A motivação corresponde a algo que leva a pessoa realizar uma tarefa, ou seja, a razão pela qual ela faz aquilo. Kotler e Keller (2012, p. 173) citam três das principais teorias da motivação:

- Teoria de Freud: defende a ideia de que o indivíduo ativa em seu inconsciente diferentes sensações de acordo com o nome, a cor, o formato e a funcionalidade de um objeto e que essas características podem estimular certas sensações e emoções.
- Teoria de Maslow: considera que as motivações humanas dependem de uma hierarquia de necessidades e que as pessoas tentam satisfazer as mais importantes primeiro. Por meio dessa teoria, é possível entender o porquê de os produtos e os serviços se encaixarem nos planos, nos objetivos e na vida dos consumidores.

- **Teoria de Herzberg**: implica dois fatores, o da satisfação e o da insatisfação. O autor assinalou que a ausência de insatisfações não basta para trazer satisfação ao cliente, pois esta deve ser algo motivador.

Outro fator relevante para o pensamento de Kotler e Keller (2012, p. 174) referente ao entendimento da psicologia do consumidor é a percepção. Para eles, ela se relaciona à capacidade do indivíduo de selecionar, organizar e interpretar as informações geridas, para, então, formar suas opiniões.

A percepção pode variar de uma pessoa para a outra, tudo depende de suas experiências anteriores e da realidade à qual cada uma foi exposta. Os autores dividem essa noção em quatro partes:

- **Atenção seletiva**: diante da gigante gama de anúncios, os consumidores precisam filtrar todas as informações que recebem. Nesse sentido, há três formas de chamar a atenção do consumidor. Primeiro, entende-se que os consumidores reparam mais naquilo de que estão necessitando no momento atual de sua vida. Além disso, tendem a considerar estímulos previsíveis, reagindo de forma rápida a esse tipo de anúncio. Por fim, notam mais facilmente desvios maiores do que estímulos normais.
- **Distorção seletiva**: o consumidor pode ter percepções equivocadas. Isso acontece porque as pessoas interpretam as informações que recebem de acordo com suas experiências e memórias afetivas ou, então, com pré-julgamentos, conferindo-lhes diferentes teores.
- **Retenção seletiva**: como os anúncios são inúmeros, é comum os clientes se esquecerem de quase tudo o que veem durante o dia. Contudo, aqueles capazes de suscitar boas memórias se tornam bem menos propensos ao esquecimento. O contrário também é válido – anúncios que não ativam nenhuma memória do cliente são esquecidos com facilidade.

- **Percepção subliminar**: existem mensagens embutidas em peças publicitárias que são percebidas pelo inconsciente do consumidor. Alguns pesquisadores acreditam que tais mensagens podem influenciar no comportamento de compra dos indivíduos.

Barbosa e Rabaça (2001, p. 559) também fornecem, em seus trabalhos, uma definição de *percepção*: "o processo, ou conjunto de processos sensoriais, físicos e psicológicos, pelo qual uma pessoa capta informações do mundo ao seu redor e do seu próprio organismo, discriminando e decodificado esses eventos por intermédio dos códigos e valores de sua estrutura cultural e psíquica".

O terceiro tópico da psicologia do consumidor elencado por Kotler e Keller (2012, p. 175) é a aprendizagem, definida por eles como o comportamento das pessoas diante de suas experiências. Ela pode ser fomentada mediante sinais e impulsos. Estes são estímulos internos que atraem a ação; já aqueles são estímulos menores que vão determinar as reações dos indivíduos.

Com a teoria da aprendizagem, torna-se possível associar os impulsos do consumidor, fazendo-o relacionar boas experiências com algum produto a outros ofertados pela mesma marca. Contudo, o oposto também acontece, sendo possível que o cliente discrimine produtos por uma má experiência. Quando, por exemplo, as expectativas de um cliente não são atendidas, muito raramente ele volta a adquirir seus itens.

Por fim, o último comportamento estudado pelos dois autores (Kotler; Keller, 2012, p. 176) no âmbito da psicologia do consumidor é a memória. Tudo que é vivenciado por uma pessoa fica armazenado na memória, que pode ser dividida em memória de curto prazo e memória de longo prazo, repositórios temporários e permanentes de informação, respectivamente. Conforme Barbosa e Rabaça (2001, p. 480), a memória e a capacidade de "receber, reter, conservar e permitir a recuperação de informações".

Os processos de memória podem ser de codificação e de recuperação:

- **Processo de memória de codificação**: refere-se ao lugar da memória no qual a informação foi armazenada e ao qual está associada, bem como à quantidade de vezes que essa informação é nutrida pelo indivíduo.
- **Processo de memória de recuperação**: relaciona-se à forma como a informação é extraída da memória do consumidor. É necessário oferecer muitos sinais de associação para que a marca seja lembrada com rapidez e facilidade. Havendo sucesso nisso, busca-se reforçar essas associações no processo de recuperação. É preciso tomar alguns cuidados, como não confundir o comprador, reativando memórias de outra marca, e não apresentar delongas para a ativação na memória, o que enfraqueceria o processo.

Estabelecidas as quatro características principais para a análise do mercado, Kotler e Keller (2012, p. 179) definem um modelo básico com cinco estágios para a decisão de compra do consumidor.

Figura 2.2 – Modelo das cinco etapas do processo de compra do consumidor

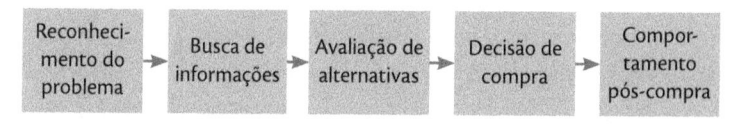

| Reconhecimento do problema | → | Busca de informações | → | Avaliação de alternativas | → | Decisão de compra | → | Comportamento pós-compra |

Fonte: Kotler; Keller, 2012, p. 179.

O reconhecimento do problema é o primeiro passo para que o indivíduo levante a hipótese de adquirir um produto ou contratar um serviço. Isso ocorre mediante o reconhecimento de suas necessidades e seus desejos, como fome, sede, segurança e educação.

Depois de identificar o problema, o consumidor vai atrás de informações para efetuar a compra que melhor atenda às suas necessidades aos seus desejos. Para isso, ele busca fontes, que podem ser pessoais, comerciais, públicas e experimentais. A quantidade e a qualidade das informações adquiridas variam de acordo com cada pessoa e com o valor agregado de cada produto.

Com a pesquisa pronta e as informações coletadas, o consumidor julga qual é a melhor opção disponível no mercado. Essa avaliação pode sofrer influências de suas crenças e atitudes. Segundo Kotler e Keller (2012, p. 180), uma crença constitui-se na ideia descritiva que as pessoas têm sobre algo; já as atitudes são as avaliações e os sentimentos que mantêm sobre ela.

Em seguida, o consumidor parte para a etapa de decisão de compra, que envolve outros quesitos, como escolher o modelo, o revendedor, o método de pagamento, entre outros. Esses pontos são importantes, pois funcionam como facilitadores da tomada de decisão.

Depois da compra, o indivíduo estará atento aos anúncios daquele produto e a tudo que o envolve. Faz-se necessário, então, que o cliente sinta segurança no que comprou a fim de torná-lo fiel e disposto a realizar compras futuras.

2.1.2 Mercado organizacional

Uma empresa tem mais preocupações do que somente vender (Kotler; Keller, 2012, p. 198), na medida em que precisa preocupar-se com a compra de insumos e matérias-primas, tempo de produção e afins. É com essa logística que se relaciona o mercado organizacional.

Segundo Kotler e Keller (2012), o mercado organizacional corresponde ao conjunto de organizações que fabricam bens e/ou oferecem serviços que serão comercializados. Normalmente, as transações de compra e venda do mercado organizacional envolvem mais dinheiro e maior demanda. Algumas de suas características o tornam muito diferente do mercado consumidor (Kotler; Keller, 2012, p. 199-200):

- **Menos compradores, porém de maior porte**: em geral, o número de vendas é menor se comparado ao do mercado consumidor, mas elas ocorrem em alta escala.
- **Relacionamento estreito entre fornecedor e cliente**: como o número de clientes é consideravelmente menor, normalmente há um estreitamento no relacionamento entre fornecedor e cliente, possibilitando um atendimento personalizado.
- **Compra profissional**: compras organizacionais são acompanhadas de contratos e formalidades; os profissionais costumam ser treinados para isso e seguem políticas e normas de suas instituições.
- **Diversas influências de compra**: as decisões de compra são tomadas por várias pessoas, sendo muitas vezes realizadas em reuniões e comitês.
- **Vários contatos de venda**: uma vez que há um grande número de pessoas envolvidas no processo, os ciclos de compras e vendas tendem a ter uma duração maior do que os do mercado consumidor, com algumas transações podendo durar anos.
- **Demanda derivada**: "A demanda por bens organizacionais é [...] derivada da demanda por bens de consumo." (Kotler; Keller, 2012, p. 199). Assim, é importante que a empresa acompanhe de perto todo o processo da produção até a venda final do produto. No término do processo, o comportamento do consumidor final determina a compra de insumos.
- **Demanda inelástica**: normalmente, a compra dos produtos para o mercado organizacional não varia muito de acordo com o preço.
- **Demanda oscilante**: a demanda por esses insumos pode ter uma variação grande na quantidade de sua compra em face de transformações na demanda do mercado consumidor. Isso pode gerar a necessidade de mais bens de fabricação para a empresa.

- **Concentração geográfica de compradores**: geralmente, esses produtores estão instalados em áreas próximas, a fim de reduzir seus gastos.
- **Compra direta**: "De modo geral, os compradores organizacionais compram diretamente de fabricantes e não de intermediários" (Kotler; Keller, 2012, p. 200).

Além dessas características, há diferentes situações de compra, explicadas pelos estudos de Patrick Robson, Kotler e Keller (2012, p. 202).

A primeira delas é a recompra simples, que funciona da seguinte maneira: o sistema de compras de uma empresa encomenda determinado produto do fornecedor, escolhido dentro de uma listagem. Esse fornecedor, por sua vez, compromete-se a manter a qualidade dos serviços e do produto, bem como oferece um sistema para que os pedidos sejam realizados pela empresa compradora, facilitando muito o processo e fidelizando o cliente. Por exemplo, no caso de um remédio de uso recorrente manipulado em farmácia, se a loja facilita o processo de recompra para o cliente que precisa do remédio todos os meses, a relação entre empresa e consumidor é fortalecida.

Outra situação de compra é a recompra modificada, isto é, quando o comprador recebe o produto e modifica alguns elementos, funcionalidades, preço e entrega. Nesse mesmo exemplo do remédio manipulado, a farmácia pode oferecer outras facilidades de entrega, produtos adicionais ou o próprio cliente pode solicitar outros itens para serem entregues junto com a recompra.

A última situação é a nova tarefa, que corresponde à compra de um produto ou à contratação de um serviço pela primeira vez. Com o tempo, essas situações se caracterizam como recompra simples.

Todo processo organizacional conta com uma vasta gama de profissionais para realizá-lo. Eles participam do processo decisório de compra e compartilham metas e riscos.

Vejamos quais são os papéis exercidos pelos profissionais dentro da área de compras das empresas:

- Iniciadores: realizam a compra do produto.
- Usuários: utilizam o produto ou serviço.
- Influenciadores: influenciam na tomada de decisão para a compra.
- Decisores: atendem às exigências dos produtos e serviços.
- Aprovadores: autorizam as compras.
- Filtros internos: realizam os intermédios entre as informações geradas durante o processo, garantindo que cheguem às pessoas corretas e evitando que certas informações não cheguem até membros do centro de compra.

O setor de compras trabalha de maneira estratégica para adquirir os melhores produtos, mediante o processo de seleção de compras, classificado em três níveis de gerenciamento:

1. Orientação de compra propriamente dita: estabelece relacionamentos de curta duração e extremamente táticos.
2. Orientação de seleção de fornecedores: constrói um relacionamento colaborativo com uma pequena quantidade de fornecedores.
3. Orientação de gerenciamento de suplementos: desenvolve um papel estratégico em conjunto com outros departamentos da empresa para fomentar a melhoria da cadeia de valor. Seu processo vai desde as compras de matéria-prima até as vendas para os consumidores finais.

Para sintetizar a estrutura da análise do mercado organizacional, Kotler e Keller (2012, p. 208) elencam oito estágios do processo de compra industrial, definidos por Robinson, Faris e Wind:

1. reconhecimento de problema;
2. descrição geral da necessidade;
3. especificação do produto;
4. procura de fornecedores;
5. solicitação de propostas;
6. seleção de fornecedores;
7. especificação do pedido de rotina;
8. revisão do desempenho.

Cada uma dessas fases apresenta uma classificação para "sim", "não" e "talvez" nos processos de nova tarefa, recompra modificada e recompra simples, descritas anteriormente.

O processo de reconhecimento de problema inicia-se quando a empresa reconhece uma necessidade que depende de estímulos internos ou externos. A falta de insumos para a fabricação de algo ou a necessidade de comprar um novo tipo de matéria-prima para desenvolver um novo produto são alguns exemplos.

Na etapa de descrição geral das necessidades, são realizadas as determinações das especificações do que será comprado, como cor, quantidade e material.

Em seguida, deve-se procurar o fornecedor para atender às necessidades da empresa. É importante identificar os mais apropriados, podendo-se examinar listas, estabelecer contatos para busca de referências e recomendações e, até mesmo, frequentar feiras setoriais.

Depois de conseguir a relação de fornecedores, é hora de solicitar orçamentos e analisar as propostas; dependendo da complexidade do produto, o cliente pode solicitar uma apresentação formal.

Antes de fechar com um fornecedor, o setor de compras deve deixar claro e bem especificado o que deseja encontrar em cada atributo do trabalho, englobando preço, reputação do fornecedor, confiabilidade do produto, confiabilidade do serviço e flexibilidade do fornecedor.

Com o fornecedor selecionado, chega o momento de fechar negócio. Nessa etapa, são acordados prazos de entrega, especificações técnicas, quantidades requeridas e afins. Há três principais variáveis, fundamentais para a satisfação da empresa compradora, que devem ser levadas em consideração: entrega no prazo, entrega sem danos, integralmente, e entrega sem erros.

Por fim, a última fase desse processo corresponde à revisão do desempenho. É importante que a empresa mantenha uma rotina de revisão do desempenho dos fornecedores, atribuindo-lhes notas. Assim, torna-se mais fácil controlar a qualidade de cada um, bem como a validade sobre cada pedido.

2.1.3 Mercado institucional

Outro tipo de mercado que ganha de Kotler e Keller (2012, p. 219) uma análise à parte é o institucional e governamental, constituído por escolas, hospitais, creches, prisões e demais instituições que oferecem serviços aos indivíduos sob sua responsabilidade. Essas instituições contam com um orçamento limitado e não tem fins lucrativos. Normalmente, seu processo de compra e venda é altamente burocrático, e os fornecedores devem estar preparados para atender às necessidades desse mercado.

2.2 Elaborando uma estratégia

Para a boa execução de uma tarefa, é de suma importância a elaboração de uma estratégia. Nesse sentido, a segmentação e a definição do mercado-alvo constituem-se em elementos primários, de acordo com Kotler, Kartajaya e Setiawan (2017, p. 47), pois permitem ao profissional entender melhor determinados segmentos e alocar recursos suficientes para a execução do planejado. Os autores estabelecem, ainda, uma diferença entre segmentos de mercado, classificações elaboradas pelos profissionais de marketing, e comunidades, formadas espontaneamente pelos consumidores em determinados ambientes. Nos meios digitais, essa diferença é ainda mais clara, pois as redes sociais permitem a criação desses espaços de forma organizada e simples, agrupando pessoas com o mesmo interesse e facilitando o estudo por parte de empresas que desejam oferecer-lhes produtos.

Conceitualmente, Kotler e Keller (2012, p. 35) definem a estratégia de marketing como o planejamento de meios para uma marca alcançar seus clientes, criando o valor esperado e construindo relações de fidelidade. Para a elaboração de um plano efetivo, é necessário que a empresa faça alguns questionamentos:

- "Quais são os principais objetivos?": estabelecimento claro do porquê da criação da marca, do produto ou do serviço.
- "Qual será o mercado-alvo?": segmentação da demanda. É importante traçar um perfil do público.
- "Qual é a proposição de valor?": conceitos de proposta única de valor (*unique value proposition* – UVP).
- "Quais são os recursos disponíveis?": definição dos recursos que serão necessários para a abertura da empresa.

Segundo os autores (Kotler; Keller, 2012, p. 48), no planejamento estratégico, devem-se considerar, além dos pontos favoráveis, os pontos desfavoráveis na busca por um objetivo. Isso porque identificar os problemas faz parte do momento estratégico do negócio.

Existem alguns passos fundamentais para o sucesso de uma estratégia de marketing (Kotler; Keller, 2012, p. 49). A Figura 2.3 apresenta sua esquematização.

Figura 2.3 – Processo de planejamento estratégico de unidades de negócio

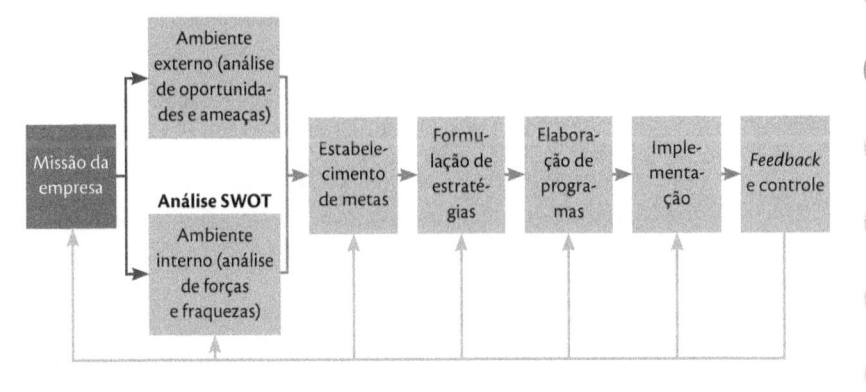

```
                    ┌─────────────┐
                    │  Ambiente   │
                    │externo (aná-│
                    │lise de opor-│
                    │tunidades e  │
                    │   ameaças)  │
                    └──────┬──────┘
┌─────────┐                │       ┌──────────┐  ┌──────────┐  ┌──────────┐  ┌──────────┐  ┌──────────┐
│Missão da│                ▼       │Estabele- │  │Formulação│  │Elaboração│  │ Imple-   │  │ Feedback │
│ empresa │─▶  Análise SWOT  ─────▶│cimento de│─▶│    de    │─▶│    de    │─▶│mentação  │─▶│     e    │
│         │                 ▲      │  metas   │  │estratégias│ │programas │  │          │  │ controle │
└─────────┘                 │      └──────────┘  └──────────┘  └──────────┘  └──────────┘  └──────────┘
                    ┌──────┴──────┐
                    │  Ambiente   │
                    │interno (aná-│
                    │lise de forças│
                    │ e fraquezas)│
                    └─────────────┘
```

Fonte: Kotler; Keller, 2012, p. 49.

O processo atravessa várias etapas. Inicia-se pela definição da missão do negócio, acompanhada de uma análise das oportunidades e das ameaças que podem se apresentar à empresa, com a ponderação de suas forças e fraquezas. Em seguida, elaboram-se as metas, para, então, implementar no mercado um produto e/ou marca com uma estratégia bem formulada. Por fim, é válido considerar todos os *feedbacks* recebidos, com vista à melhoria e/ou constância da qualidade daquilo que se oferta.

Uma boa estratégia baseia-se em determinar como os recursos serão alocados para atingir o mercado definido pela empresa, considerando-se todos os prós e contras. A missão do negócio deve ser definida em cada unidade de trabalho inserida na missão corporativa, isto é, tanto o setor de vendas deve estar ciente dos objetivos e valores da empresa quanto o setor de atendimento ao cliente, de operações etc. A partir do momento em que todos dentro da mesma organização estão cientes da direção para a qual a empresa caminha, o trabalho se desenvolve naturalmente e com menos atritos.

Kotler e Keller (2012, p. 48) afirmam que, inicialmente, na elaboração da estratégia de um negócio, é importante analisar o ambiente, dividido, basicamente, em dois:

- **Ambiente externo**: envolve as situações externas, maiores e mais distantes, e cujas resoluções estão fora do alcance da empresa, embora sejam capazes de afetar diretamente nos negócios.
- **Ambiente interno**: são situações próximas da realidade empresarial, nas quais as tomadas de decisão podem afetar diretamente os resultados do negócio. Compreende ações dentro da empresa, a fim de melhorar seu funcionamento interno, com ações que definem rotinas e regras.

Para a elaboração das metas, os autores aconselham que sejam sempre objetivas e contem com critérios quantitativos, isto é, avaliados em números, de forma que a resposta para todas as perguntas sobre os objetivos seja respondida com "sim" ou "não". Por exemplo, se uma empresa tinha como meta aumentar em 20% a receita com novos usuários e conseguiu 18% de acréscimo, então a meta simplesmente não foi atingida. Se as metas forem mal elaboradas, sem critérios objetivos, torna-se difícil saber se foram alcançadas ou não. Por exemplo, a meta "manter um bom relacionamento com os clientes" jamais vai ser alcançada, pois há muita subjetividade. Afinal, o que é um bom relacionamento? É receber muitos elogios ou não ter reclamações? É ter clientes que recompram com frequência ou clientes que compram valores maiores? Além disso, as metas devem ser classificadas de acordo com seu grau de importância. Obter aumento de receita tende a ser mais importante do que ter mais vagas de carros para os funcionários, por exemplo. A fim de alcançá-las, as empresas devem seguir as estratégias elaboradas anteriormente de maneira rigorosa.

Michael Porter apresentou três estratégias genéricas para servirem como base para o planejamento estratégico (Kotler; Keller, 2012, p. 53):

- **Liderança total em custos**: visa à obtenção dos menores custos de produção e distribuição, de modo a fornecer ao cliente um preço barato, conquistando-se espaço no mercado.

- Diferenciação: objetiva ofertar muitos benefícios aos clientes, valorizando-se seus produtos.
- Foco: concentra-se em um público-alvo bem definido e trabalha apenas com ele.

É importante definir muito bem a estratégia a ser seguida, pois um estudo publicado pelo *Journal of Occupational and Organizationl Psychology* (2010, p. 682) aponta que, geralmente, focar uma única estratégia garante melhores resultados para as empresas do que adotar várias, tentando trabalhar com elas ao mesmo tempo ou mudando a todo momento.

Além disso, é valioso que as empresas estabeleçam algumas alianças. Estas podem ser delineadas de diferentes maneiras: por meio do licenciamento de um produto, das promoções conjugadas – quando duas empresas oferecem serviços/produtos uma da outra –, da logística e da entrega de produções de outras marcas – de forma a aproveitar novos negócios com base em processos já estabelecidos de terceiros – e, por fim, da colaboração de preços e ofertas.

As estratégias de ações que serão aplicadas pela empresa devem conter, segundo Kotler e Keller (2012, p. 55), o conteúdo de um plano de marketing. Trata-se de "um documento escrito que resume o que o profissional de marketing sabe sobre o mercado e que indica como a empresa planeja alcançar seus objetivos. Contém diretrizes táticas para os programas de marketing e para a alocação de fundos ao longo do período de planejamento".

Inicialmente, é importante indicar as principais metas e recomendações de forma resumida. Essa parte do plano, que consiste em nortear as próximas etapas do conteúdo, pode ser denominada resumo executivo e sumário. Ele possibilita que toda empresa entenda o processo do planejamento de marketing.

O passo seguinte corresponde à análise da situação, na qual são apresentados pontos relevantes, como as vendas, os custos, os lucros, os mercados, as concorrentes e as forças atuantes do ambiente externo. Informações históricas também podem complementar os conhecimentos sobre determinado cenário. Nessa etapa, os seguintes questionamentos devem ser considerados: Como o mercado está definido? Qual é seu tamanho e com que velocidade está crescendo? Quais são as tendências relevantes que o influenciam? Qual é a oferta de produtos? Quais são os problemas críticos que a empresa enfrenta ou pode vir a enfrentar?

A terceira etapa compreende a estratégia de marketing, na qual são definidas as missões da empresa, além dos objetivos financeiros e de marketing empresa. Nesse estágio, também se delimitam os grupos e as necessidades que o produto satisfaz, assim como se estabelece o posicionamento competitivo da linha de produtos.

Em seguida, inicia-se o trabalho com as projeções financeiras, passo muito importante, pois prevê as vendas e as despesas. Com base nessa análise, é possível saber quantas unidades devem ser vendidas para compensar os custos.

Por fim, a quinta etapa desse processo se refere ao controle. Nela, a empresa deve monitorar suas metas, seus orçamentos e seus resultados. Algumas medidas, como identificar erros e corrigi-los com rapidez, contribuem para que o negócio alcance as metas desejadas.

2.3 Análise SWOT

Abordada por Kotler e Keller (2012, p. 49), a matriz SWOT (*strengths, weakness, opportunities, threats* – forças, fraquezas, oportunidades e ameaças) ajuda a desenvolver pontos importantes de análise para um negócio. Os autores propõem que, ao fazer uma análise com esses pontos, adquire-se maior capacidade para desenvolver um projeto ou um negócio, concentrando-se no necessário para seu bom encaminhamento.

Figura 2.4 – Matriz SWOT

(a) Matriz de oportunidades

Probabilidade de sucesso / Atratividade

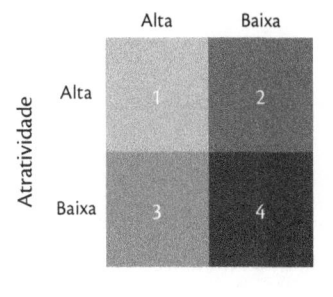

1. A empresa desenvolve um sistema de iluminação mais potente.
2. A empresa desenvolve um dispositivo para medir a eficiência de energia de qualquer sistema de iluminação.
3. A empresa desenvolve um dispositivo para medir níveis de iluminação.
4. A empresa desenvolve um software para ensinar princípios básicos de iluminação ao pessoal dos estúdios de televisão.

(b) Matriz de ameaças

Probabilidade de ocorrência / Gravidade

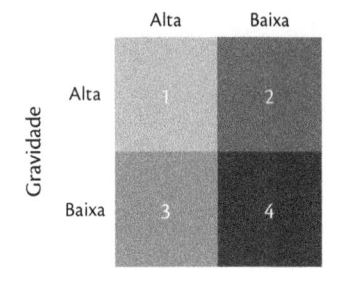

1. Desenvolvimento, por um concorrente, de um sistema de iluminação superior.
2. Crise econômica forte e prolongada.
3. Altos custos.
4. Redução, por lei, do número de licenças para estúdios de televisão.

Fonte: Kotler; Keller, 2012, p. 50.

A análise SWOT pode ser feita sob a perspectiva de um produto ou de toda a empresa. Além disso, vale ressaltar que realizar a análise SWOT de um concorrente é tão importante quanto realizar a análise do próprio negócio. Algumas perguntas, ao serem respondidas, são capazes de fornecer informações importantes acerca de cada um dos pontos analisados:

- Forças:
    - Quais são os benefícios do negócio, do produto e/ou do serviço?
    - Quais sãos os diferenciais do negócio, do produto e/ou do serviço?
    - Existe alguma característica única no negócio, no produto e/ou no serviço?
- Fraquezas:
    - Em que pontos os concorrentes são melhores?
    - Em que e como o negócio deve melhorar?
- Ameaças:
    - Quais são as ameaças apresentadas no ambiente externo?
    - Quais são as ameaças apresentadas no ambiente interno?
    - Quais recursos os concorrentes possuem que o negócio não possui?
- Oportunidades:
    - Quais são as oportunidades apresentadas no ambiente externo?
    - Quais são as oportunidades apresentadas no ambiente interno?
    - Quais são as fraquezas dos concorrentes?

2.4 UVP

Além do planejamento de marketing, um conceito importante para a área é a UVP, sigla correspondente ao termo em inglês *unique value proposition*, ou proposta única de valor. Trata-se de uma frase de efeito que faz com que o consumidor adquira um produto.

Em âmbitos gerais, considera-se a UVP como uma declaração sobre um benefício único e superior que uma empresa, uma marca, um produto ou um serviço proporciona ao cliente. Nesse sentido, os autores Rackham e DeVincentis (1999) apontam algumas características que podem tornar a UVP mais relevante, como impacto, capacidade, comprovação e custo. Além disso, também propõem seguir determinados elementos:

- **Características**: evidenciar os principais aspectos e funcionalidades do produto/serviço para o cliente.
- **Vantagem**: demonstra a superioridade do produto/serviço comparando-o aos da concorrência.
- **Benefício**: expor ao consumidor todos os benefícios que aquele produto/serviço lhe entrega.
- **Imagem**: eleger uma figura que transmita alguma sensação e faça o cliente se lembrar facilmente da marca ou do produto/serviço.
- **Oferta**: propor a oferta de modo que ela se configure como um estímulo à ação de compra do consumidor.

É importante não confundir a UVP com o *slogan*. A declaração do negócio deve seguir o objetivo da empresa com veracidade e expor fielmente seus princípios.

2.5
Mix de marketing

Para programar um plano de marketing, é preciso conhecer os *mix* ou compostos de marketing propostos por Kotler e Keller. Isso porque eles, justamente, possibilitam colocar a estratégia em prática para que a entrega de valor esteja em conformidade com o planejado. O marketing é uma área muito ampla e não envolve apenas a divulgação de um produto, mas várias técnicas que induzem o consumidor a adquirir o que é ofertado. O *mix* de marketing compreende os elementos que compõem as esferas de influência do processo de compra, contemplando vários aspectos objetivos e determinantes para os consumidores.

Tradicionalmente, o *mix* de marketing é composto por quatro elementos, os 4 Ps (produto, preço, praça e promoção), que precisam estar perfeitamente alinhados para que a empresa atinja seus objetivos. Esses elementos foram atualizados de modo a se tornarem mais representativos no contexto do marketing moderno (Figura 2.5). Atualmente, foco está em pessoas (em vez de produtos), processos (em que a precificação está inclusa), programas (que podem alcançar vários meios distintos) e *performance* (independentemente do canal utilizado para venda).

Figura 2.5 – Atualização dos 4 Ps

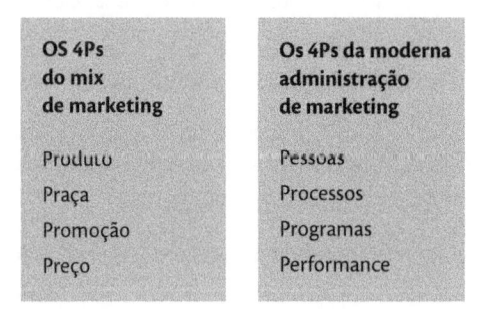

OS 4Ps do mix de marketing	Os 4Ps da moderna administração de marketing
Produto	Pessoas
Praça	Processos
Promoção	Programas
Preço	Performance

Fonte: Kotler; Keller, 2012, p. 24.

Nessa figura, podemos ver o paralelo entre os Ps tradicionais e os atualizados. Além dessas definições, Kotler, Kartajaya e Setiawan (2017, p. 50) propõem um foco maior nos clientes, desenvolvendo os 4 Cs (considerando-se os termos em inglês):

- Cocriação (*co-creation*): compreende o envolvimento do consumidor em etapas iniciais da criação de um produto. Não se trata apenas de estudá-lo, mas também de solicitar suas opiniões e fazê-lo participar do processo.
- Moeda (*currency*): não é apenas a diversificação das formas de pagamento que ampliaram as escolhas dos consumidores que faz parte desse *mix* de marketing; também existe a personalização de preço de acordo com a disponibilidade e a localização. O Uber exemplifica bem esse fenômeno: quanto mais motoristas estão disponíveis, mais barato é o preço da corrida. Da mesma forma,

quanto menos motoristas à disposição, maior o valor. Esse dinamismo no custo é impossível de ser gerenciado manualmente por alguém, mas pode popularizar-se num aplicativo altamente dinâmico em escala mundial.

- Ativação comunitária (*communal activation*): as avaliações e as manifestações de opiniões dos consumidores são realizadas de forma muito rápida e incontrolável para a empresa, sendo um forte influenciador na decisão de compra.
- Conversa (*conversation*): para os autores, a promoção evoluiu para a conversação, na qual a construção de relacionamento se mantém presente ao longo de todo o processo, com o objetivo de fidelizar e engajar mais o consumidor, aumentando seu tempo de interação com a marca e seus produtos.

Na sequência, serão detalhados os 4 Ps e suas atualizações, uma vez que a literatura sobre o assunto é mais abrangente e aprofundada também em outras fontes de pesquisa.

2.5.1 Produto – pessoas

Todo negócio precisa oferecer algum produto ou serviço à sociedade. Nesta subseção, por razões didáticas, tomaremos esses dois conceitos como contidos no primeiro.

Com a realização de um estudo sobre o desejo do consumidor, torna-se possível definir algumas características do produto, como: quais funções apresentará aos indivíduos; como ele será fisicamente (tamanhos, cores, variáveis, estilos); em que lugares será utilizado; qual será seu nome e geral será o nome da marca.

Conforme Kotler e Keller (2012, p. 24),

> as pessoas refletem, em parte, o marketing interno e o fato de que os funcionários são fundamentais para o sucesso do marketing. Este será tão bom quanto as pessoas dentro da

organização. Também refletem o fato de que as empresas devem ver os consumidores como pessoas e compreender suas vidas em toda sua amplitude, e não apenas como alguém que compra e consome produtos.

Algumas perguntas podem ser respondidas a fim de auxiliar a criação de um produto:

- Como, quando e onde o produto será disponibilizado?
- Quais desejos/necessidades serão satisfeitos?
- Como o produto se diferencia dos produtos semelhantes?

O produto principal, também conhecido como "carro-chefe", deve corresponder ao ramo de atuação da empresa, sendo seu elo principal com o público-alvo. Além disso, é necessário que a empresa desenvolva outras linhas, porque a variedade também representa um ponto fundamental para a elaboração do leque de ofertas de uma marca.

Embora um produto objetive atender às necessidades e aos desejos do consumidor, ele precisa apresentar diferenciais para conseguir se destacar da concorrência. Nesse sentido, a qualidade não pode mais ser observada apenas como um elemento extra, senão como um ponto básico (Kotler; Keller, 2012, p. 330). Por isso, é importante que as empresas realizem questionamentos do tipo: "Qual a razão de comprarem de mim e não de outro lugar?". A definição acurada dos propósitos institucionais referentes aos padrões de produção facilita as atividades empresariais futuras, porque evidencia as características dos produtos e de suas ofertas, bem como as maneiras de trabalhá-los por meio do marketing.

O *design* do produto também precisa ser muito bem elaborado. Como apontam os autores, não se pode deixar de lado a parte visual. Isso porque a beleza e a estética constituem a primeira impressão a incidir sobre o consumidor.

Outro ponto primordial corresponde à funcionalidade, isto é, qual é a utilidade do produto e como ele é utilizado. É de suma importância que a entrega seja realizada com o máximo de qualidade nesse aspecto, pois um produto com defeito de funcionalidade perde seu cliente, sendo pouco provável que ele retorne a comprar com aquela marca.

Juntamente ao *design* e à funcionalidade, deve-se pensar na marca do produto, que deve unificar aquilo que é oferecido ao consumidor. Construir uma boa imagem de marca corresponde a um fator fundamental, já que mesmo bons produtos, quando ofertados por marcas já atreladas à baixa qualidade, enfrentam problemas em sua aceitação.

Como pontuamos anteriormente, agregar serviço ao produto é outro fator relevante, uma vez que os benefícios são essenciais para a escolha do consumidor no ato da compra. Obviamente, todo serviço agregado deve ser prestado com o máximo de qualidade possível. As pesquisas de mercado representam um bom modo de pensar em quais serviços atraem determinado público. Além disso, é possível conversar com os amigos, viajar – a fim de conhecer o comportamento de outras culturas em relação àquele produto – e sempre observar as ações da concorrência.

Após a venda, manter o relacionamento com o cliente mostra-se fundamental, sendo a chamada *pós-venda* uma das ações mais importantes do processo, segundo Kotler e Keller (2012, p. 403). É necessário não só garantir que o consumidor voltará a comprar com aquela determinada marca, mas também fazer o máximo para que ele se disponha a promover o produto, ou seja, a realizar uma propaganda gratuita, em seu meio social.

2.5.2 Preço – *performance*

O preço – que não é necessariamente monetário – representa o valor que será retirado em troca não só de um produto e/ou um serviço, mas também de toda a experiência que eles e a marca oferecem. Conforme indicam Kotler e Keller (2012, p. 24), trata-se da definição de indicadores de resultado que tenham impacto direto na empresa, como lucratividade, *customer equity* (o valor vitalício do cliente ao longo do tempo – também chamado de *customer lifetime value* – CLV) e responsabilidade social, jurídica, ética e comunitária. Já a noção de *performance* se refere a quanto se consegue maximizar o lucro independentemente do preço, pois, em caso de lucratividade, não importa o quanto se paga pelo produto. Portanto, a precificação não é definida pelo custo de produção, mas com base no potencial de venda e receita calculada. Dessa forma, um produto pode ter um valor muito acima do praticado no mercado e, mesmo com menos vendas, ter um lucro aceitável, pois os consumidores desse nicho estão dispostos a pagar mais por ele. Igualmente, o mesmo produto pode estar com um valor muito abaixo da média e, ainda assim, atender outro público e gerar a receita esperada. É fácil identificar essa diferenciação, como no caso do ramo de celulares, em que uma marca mais elitizada tem um preço de venda bem maior do que o de sua produção.

A sobrevivência de um negócio está muito atrelada a esse "P". Isso porque o preço não considera apenas o lucro final, mas também o pagamento dos funcionários e dos fornecedores, bem como o montante necessário para novos investimentos. Kotler e Keller (2012) ressaltam que a percepção que o público tem de uma marca está relacionada ao seu preço. Aquelas com maior valor agregado apresentam grande valorização por parte dos consumidores, mesmo com preços mais altos do que os da concorrência.

Algumas perguntas podem ser respondidas de modo a amparar o cálculo do preço de um produto e/ou serviço:

- Qual é o custo do produto para o negócio?
- Qual é o custo do produto para o consumidor?
- Qual é a relação do cliente com o preço?
- Será preciso criar preços diferenciados para segmentos diversos?

Existe uma noção no marketing representada pela equação VALOR = QUALIDADE − PREÇO.

Como já observamos, a qualidade corresponde a tudo o que se acrescenta ao produto a fim de gerar maior valor agregado. A partir dela, torna-se possível precificar um item. Quando o preço de um produto é igual ou menor do que suas qualidades, seu valor é positivo. Para o cliente, isso significa que ele está levando mais benefícios, em troca de um valor justo. Contudo, quando acontece o contrário, isto é, quando o preço de um produto está acima de sua qualidade, o valor é negativo. Para o consumidor, isso torna o custo muito alto diante do ofertado, desmotivando-o a prosseguir com a compra, salvo em casos de extrema urgência.

A construção do preço pode depender unicamente do valor agregado determinado pela empresa ou variar de acordo com o segmento do negócio. Isso ocorre porque alguns setores são regidos por leis ou órgãos que precificam o produto, como no caso do segmento de automóveis, em que se usa a tabela FIPE.

É importante também pensar que, em determinadas épocas, o produto deve sofrer descontos. Dentro dessa política de promoção – que pode ser em dinheiro, em bônus, em *voucher* e afins –, parcerias com outras empresas também podem ser aplicadas; são as chamadas políticas de concessões dentro da política de desconto.

Além disso, a empresa precisa pensar na política de pagamentos, ofertando ao cliente flexibilidade para pagar pelo produto. Esse fator aumenta as chances de o consumidor fechar o negócio.

2.5.3 Praça – processos

Quando falamos em processos como um dos 4 Ps, estamos nos referindo ao conjunto de processos com o foco na abrangência e à atividade voltada para a geração de formas criativas de inovações em bens e atividades de marketing, com o objetivo de que o produto seja encontrado independentemente do local físico. Se antes era preciso ter uma loja física para venda de determinado produto, agora essa venda pode ser feita em vários canais *online* – página da empresa, *marketplaces* que também divulgam concorrentes ou mesmo parceiros e afiliados que vendem o produto em troca de comissão. Dessa forma, os locais de venda se ampliaram muito e não se restringem a praças específicas, sendo necessário agora criar processos bem estabelecidos para rastrear essas vendas corretamente e atribuir a participação de venda adequada a cada um desses canais.

Nesse aspecto, mostra-se fundamental pensar no acesso do consumidor ao negócio, prestando-se especial atenção às escolhas do bairro, da vizinhança, bem como do estacionamento e outros recursos de infraestrutura.

A fim de orientar a definição de uma boa praça, algumas perguntas podem ser mobilizadas:

- Onde o público costuma procurar este produto ou serviço?
- Como ter acesso a esses canais de distribuição?

Barbosa e Rabaça (2001, p. 584) pontuam que a praça é "onde o produto pode ser oferecido ao consumidor". Desse modo, trata-se da geografia do marketing, tanto física, quanto informativa. Nesse ponto, é importante pensar em todo o caminho percorrido pelo produto, desde a matéria-prima até a venda ao consumidor final.

O termo *praça* remete a canais de marketing que envolvem quatro aspectos: fornecedores, fabricantes, distribuidores e clientes. Normalmente, os produtos percorrem esses pontos para chegar ao consumidor final, mas existem exceções nas quais alguma dessas etapas pode ser dispensada.

Kotler e Keller (2012, p. 209) analisam as estratégias utilizadas pela logística do caminho do produto, destacando ações que devem ser relevantes para a empresa:

1. Dispor de uma cartela grande de canais, com grande variedade, em relação a todos os aspectos: fornecedores, fabricantes, distribuidores e cliente.
2. Ter uma grande cobertura, porque isso possibilita chegar mais rápido e mais longe, geograficamente. Assim se atinge um número maior de pessoas. Trata-se de estar acessível para o cliente.
3. Variar dentro das coberturas, atendendo do local ao nacional, por meio tanto das lojas físicas quanto do *e-commerce*. Dispor de pontos dentro de outras praças físicas, como quiosques em mercados, também pode ser funcional.
4. Pensar estrategicamente no local físico, oferecendo ao cliente a opção de ir até a loja ou comprar virtualmente e retirar o produto na loja.
5. Estar com o máximo de produtos possível disponível ao cliente ou, caso não esteja, prever uma reposição rápida. O cliente disposto a uma compra a realiza na hora. Se não encontrar o produto em determinada loja, ele vai fechar negócio com outra.

Las Casas (2006) aponta que a noção de praça compreende pensar no sistema de distribuição de marketing por completo, refletindo-se sobre aspectos de utilidade, lugar e tempo. Uma boa estratégia nesse âmbito pode reduzir as dependências em relação ao varejo, viabilizar um melhor planejamento a longo prazo, bem como distribuir e expor os produtos da forma mais adequada.

2.5.4 Promoção – programas

Podemos considerar as atividades relacionadas à divulgação como uma integração dos tradicionais "Ps" com foco numa entrega final de maior valor. Aqui, a palavra *promoção* significa literalmente promover uma marca, por meio da realização de campanha adequada, para que o público-alvo conheça o negócio. Porém, isso não precisa ser necessariamente uma iniciativa da empresa, pois existem divulgações orgânicas de produtos condizentes com as expectativas dos clientes. Dessa forma, as organizações devem investir na criação de programas que estimulem clientes e possíveis clientes a se tornarem embaixadores da marca, além do esforço em mídia paga.

Kotler e Keller (2012, p. 24, grifo no original) afirmam que

> os programas refletem todas as atividades da empresa direcionadas aos consumidores. Eles englobam os antigos 4Ps e também uma gama de outras atividades de marketing que podem não se encaixar perfeitamente à antiga visão de marketing. Independentemente de serem on-line ou off-line, tradicionais ou não, essas atividades devem ser integradas de tal forma que seu todo seja maior do que a soma de suas partes e que realizem múltiplos objetivos para a empresa.

Assim, é fácil perceber que se trata de um processo de integração com os demais "Ps", sendo essencial para manter a unidade e a aderência entre produto e mercado. A fim de desenvolver a melhor estratégia de promoção, algumas perguntas podem servir como ponto de partida:

- Como atingir o público?
- Qual é a melhor abordagem?
- Qual é o melhor período?
- Como a concorrência promove os produtos?

A promoção corresponde à comunicação da empresa, englobando todo o trabalho produzido por ela para ser considerada pelos consumidores no momento da compra. Envolve publicidade, promoção de venda, marketing direto, força de venda, eventos, experiências e relações públicas. Kotler e Keller (2012, p. 514) detalham esses conceitos da seguinte forma:

- Propaganda: anúncios em geral que são vistos pelo consumidor
- Promoção de vendas: concursos culturais, premiações, sorteios, feiras setoriais.

- Eventos e experiências: jantares e almoços, leilões beneficentes, eventos de arte, de música e de esportes, festivais e afins.
- Relações públicas e publicidade: assessoria de imprensa, palestras, seminários, geração de conteúdos informativos sobre a empresa.
- Vendas pessoais: experiências próximas ao cliente, como apresentações abertas do produto, reuniões e visitas.
- Marketing direto e interativo: catálogos, mala direta, *telemarketing* (passivo ou ativo), mídias sociais, entre outros.
- Marketing boca a boca: por meio da internet, em redes sociais, blogues, entre outros.

Barbosa e Rabaça (2001) definem a promoção como os esforços direcionados para que o público-alvo saiba da existência do produto ofertado e passe a considerá-lo como objeto de compra. Nas palavras dos autores, é

> [o] conjunto de atividades, técnicas e meios (materiais e psicológicos) destinados a incrementar a venda (promoção de vendas) ou fortalecer positivamente a imagem de determinada marca, evento ou instituição (promoção cultural). Com o desenvolvimento das técnicas da promoção, essa área passou a ser considerada como uma linha de atividades equidistantes das demais especialidades da comunicação (publicidade, jornalismo, relações públicas, etc.), com seus métodos próprios. (Barbosa; Rabaça, 2001, p. 596)

Estando claro esse objetivo de divulgar a empresa e o produto estando claro, a escolha e a utilização das mídias tornam-se apenas mais uma ferramenta para o alcance eficaz de possíveis clientes. É importante ressaltar que os "Ps" são complementares entre e si e jamais devem ser vistos como elementos isolados, sendo necessário dar atenção ampla a cada um deles.

Perguntas & respostas

Como se estrutura o marketing tradicional de Kotler e Keller?

Resposta: O marketing tradicional se estrutura em torno dos 4 Ps: produto, preço, praça e promoção, atualizados para pessoas, *performance*, processos e programas.

2.5.5 Construindo um relacionamento

Outro fundamento de marketing mencionado por Kotler e Keller (2012, p. 142) compreende a construção e o gerenciamento de relacionamentos duradouros e lucrativos. Um dos conceitos mobilizados nessa etapa é o *customer equity*, que corresponde ao valor capturado, ao longo do tempo, de todos os clientes da empresa, muito valorizado atualmente.

Esse conceito está esquematizado na Figura 2.6. No eixo horizontal, encontra-se a fidelidade, que pode ser de curto ou longo prazo. Obviamente, todo negócio busca manter o cliente pelo maior tempo possível. Já no eixo da vertical está a lucratividade, que varia de baixa a alta, sendo esta priorizada, a fim de garantir o equilíbrio do empreendimento. Isso porque uma baixa lucratividade indica necessidade de uma produção maior para suprir a falta de lucro.

Figura 2.6 – *Customer equity*

	curto prazo	longo prazo
LUCRATIVIDADE alta	2	4
LUCRATIVIDADE baixa	1	3

FIDELIDADE

Fonte: Kotler; Keller, 2006, p. 147.

Nesse sentido, o esquema indica quatro combinações possíveis entre lucratividade e fidelidade:

- Quadrante 1: representa os clientes que geram baixa lucratividade para a empresa e não demonstram fidelidade, isto é, são consumidores que compram sem pensar na marca. Normalmente, envolve produtos de emergência.
- Quadrante 2: não há fidelidade, mas a lucratividade é boa. Podem ser citados, para exemplificar, os consumidores turistas, que arcam com um custo alto, mas efetuam somente uma compra.
- Quadrante 3: ilustra casos de fidelidade, mas lucro baixo. Geralmente, representa clientes que compram um produto ou serviço de custo baixo com certa recorrência (semanalmente ou mensalmente).
- Quadrante 4: tanto a lucratividade quanto a fidelidade são altas, abrangendo clientes que consomem produtos apenas da mesma marca. Em alguns casos, eles compram os produtos sempre que um novo é lançado.

Os autores mencionam alguns mecanismos para manter o cliente fiel ao negócio, como: fornecer a ele uma boa experiência; conhecê-lo bem; segmentar o público; vender emoções; estimular o cliente a criar conteúdo para a marca; incentivar o retorno do cliente; monitorar os resultados.

Importante!

Efetuados todos os passos indicados por Kotler e Keller (2006, p. 138), que analisamos neste capítulo e no anterior, chega-se ao momento da captação de valor. Para que essa etapa seja efetiva, é preciso entender as necessidades dos clientes e do público-alvo, elaborar estratégias eficientes e eficazes para a empresa, realizar uma boa estratégia de marketing que atenda e satisfaça o consumidor, para, então, construir um relacionamento com ele.

Estudo de caso

Os jornais produzem textos perecíveis que, em poucos dias – às vezes, em poucos minutos –, deixam de ser relevantes. A sobrevivência desse modelo de negócio depende da aquisição de leitores para a formação de uma audiência ampla e significativa, de modo a viabilizar a venda de anúncios no veículo.

Nesse sentido, destaca-se a *Gazeta do Povo*, jornal paranaense que durante muitas décadas se manteve como um veículo tradicional de jornal impresso. No período da mudança do mundo tradicional para o digital, houve bastante atrito no modelo de negócio, pois os classificados e o consumo de notícias antes eram o principal motivo da compra do jornal físico. Com a acessibilidade da notícia digital, as pessoas pararam de comprar os tradicionais cadernos. Mediante a difusão das notícias na internet, a empresa passou a valorizar a produção de conteúdo digital e a divulgação em redes sociais, obtendo um volume de acessos e assinaturas que mantiveram o negócio em pleno movimento. A impressão de material físico, que antes era diária, passou a ser semanal, e o conteúdo mais atual fica disponível em tempo real no ambiente digital.

Esse é um exemplo claro de adaptação de produto (um dos "Ps" do *mix* de marketing tradicional) para focar o modo como as pessoas (o mesmo P atualizado) consomem informação de forma a permanecerem relevantes, mostrando que mesmo um mercado tão tradicional como o de impressos pode se adaptar ao consumidor.

Síntese

Os clientes maximizam o valor, criam expectativas e tomam ações baseadas nelas. Nesse contexto, sofrem influências de aspectos sociais, psicológicos, familiares, econômicos, históricos, entre outros. O conjunto desses consumidores em potencial forma o mercado-alvo. Este envolve três atividades: segmentação, seleção e posicionamento de mercado.

Faz parte de um posicionamento eficaz a análise dos concorrentes atuais e potenciais, sendo necessário que o profi dssional defina objetivos claros e práticos em face dos estipulados pelos concorrentes.

A fim de atingir o sucesso de um negócio, atentar para o *mix* de marketing mostra-se fundamental. Este se constitui pelos quatro Ps: produto, preço, praça e promoção. Entre eles, o primeiro é o elemento mais importante; já o segundo é o único que gera receita – os demais somente geram custos. Atualmente, exige-se mais do que desenvolver um bom produto, estabelecer preços atraentes e torná-lo acessível, sendo imprescindível transmitir a mensagem correta para todos os envolvidos no processo. Convém informar, por exemplo, que o produto é feito numa cadeia sustentável e ecologicamente correta, que não utiliza mão de obra infantil ou escrava ou que simplesmente apresenta uma aspiração imaterial, como alguma ideologia que seja aderente ao público consumidor. Os canais de marketing podem causar conflitos, portanto, necessitam da forte administração das empresas, gerindo o caos tanto interno quanto externo.

O profissional de marketing deve monitorar e controlar as ações realizadas, assegurando a lucratividade da empresa e a fidelidade ao planejamento inicial. Também é preciso tomar cuidado para promover adaptações conforme necessidades correntes. O controle estratégico exige um conhecimento e uma adaptabilidade frequente da empresa, além de uma auditoria imparcial.

Para saber mais

KOTLER, P., KARTAJAYA, H., SETAIWAN, I. Marketing 4.0: do tradicional ao digital. Rio de Janeiro: Sextante, 2017.

> Esse livro pode guiar os interessados em contextualizar o marketing no ambiente digital e correlacionar com práticas e estratégias *online*.

WALKER, J. A fórmula do lançamento. Rio de Janeiro: Best Business, 2019.

Esse trabalho aborda técnicas práticas para o lançamento de um produto. O método proposto inclui desde a geração de expectativa pré-lançamento até a efetiva distribuição.

Questões para revisão

1. Descreva quais são os 4 Ps que compõem o *mix* de marketing.
2. O que é atenção seletiva?
3. Segundo Kotler e Keller (2012), quais são as etapas do processo de compras do consumidor?
   a. Escolha do produto, adição no carrinho de compras, pagamento, recebimento.
   b. Reconhecimento do problema, decisão de compra, recebimento.
   c. Busca de informações, escolha do produto, reconhecimento do problema, suporte ao cliente, correção do problema
   d. Reconhecimento do problema, busca de informações, avaliação de alternativas, decisão de compra, comportamento pós-compra.
   e. Reconhecimento do problema, avaliação de alternativas, escolha do produto, adição no carrinho de compras, pagamento, recebimento.
4. O que é a proposta única de valor (UVP)?
   a. Declaração sobre uma vantagem singular e distinta que uma empresa, uma marca, um produto ou um serviço proporciona ao consumidor.
   b. O cálculo do tempo de vida do consumidor, considerando-se toda a receita que ele traz como cliente recorrente.
   c. O cálculo do retorno gerado pelo cliente sobre o investimento feito para trazê-lo.

d. Um contrato único para cada cliente, o qual gera valor na hora da aquisição do produto.
e. Uma proposta única feita para cada cliente que posteriormente será convertida em contrato, com um valor único para cada pessoa.

5. Qual é o fundamento da teoria de Maslow?
   a. Defende a ideia de que um sujeito engendra em seu inconsciente diferentes sensações e emoções de acordo com o nome, a cor, o formato e a funcionalidade de um objeto.
   b. Determina que uma hierarquia de necessidades orienta as motivações humanas. Por meio dela, torna-se possível entender as razões que levam produtos e serviços a se encaixarem nos planos, nos objetivos e na vida dos consumidores.
   c. Implica dois fatores, o da satisfação e o da insatisfação, sendo que a ausência desta não basta para proporcionar satisfação ao cliente, visto que deve haver motivação.
   d. Baseia a evolução humana na melhor adaptação à determinados ambientes e situações, de forma que os menos adaptados são extintos.
   e. Nenhuma das alternativas anteriores.

Questões para reflexão

1. Como o estudo de marketing pode auxiliar em um negócio?
2. É possível vender produtos sem estudar o mercado e o comportamento do consumidor?
3. Por que é importante gerar fidelidade nos clientes?
4. O marketing está restrito a um departamento numa empresa?
5. Avalie a empresa da qual você mais compra produtos: o que nela lhe agrada e o que nela não lhe agrada?

03 O marketing digital e a importância dos dados

● Conteúdos do capítulo:
- Marketing digital.
- Modelos de atribuição.
- Retorno sobre o investimentos (ROI – *return on investment*).

● Após o estudo deste capítulo, você será capaz de:
1. relacionar o marketing tradicional com o digital;
2. compreender a importância de decisões baseadas em dados reais;
3. atribuir valor para uma mídia de forma correta;
4. entender o que é o ROI e como avaliá-lo.

3.1
Princípios do marketing digital

O marketing digital é uma das formas de abordagem da estratégia adotada, portanto segue todos os passos elencados no capítulo anterior. Cada vez mais mídias e recursos permitem alcançar um número maior de clientes relevantes, independentemente de operarem em meio físico ou digital. *Outdoors* de rua são adaptados para *banners* em *sites*, o anúncio no jornal pode ser remodelado por publicidades dentro da estratégia de conteúdo em redes sociais, o *spot* de rádio transforma-se em *podcast*.

A maior vantagem do marketing digital é a possibilidade de quantificar e compreender as interações e as pessoas alcançadas pelos anúncios, pelos conteúdos e pelo engajamento social. Torna-se viável monitorar o público, verificar quantos consumidores em potencial se interessam pelo negócio, bem como as informações sobre eles, como localização, idade e sexo. Há, também, os recursos de monitoramento dentro da página ou da publicidade, que permitem conhecer o número de cliques para *sites*, as visitações de perfil, o tempo gasto em cada postagem, o navegador utilizado, o modelo do celular, os assuntos pesquisados anteriormente, entre outros.

Além disso, as mídias digitais permitem ações de correção praticamente em tempo real. Caso algum equívoco ocorra, seja um erro de digitação, seja alguma melhoria de última hora, é possível adaptar a mensagem com uma velocidade incrível.

Com mais recursos disponíveis para segmentar o mercado-alvo, torna-se possível, ainda, automatizar o envio de mensagens personalizadas, criar novas campanhas e direcioná-las para públicos distintos, assim como atingir qualquer lugar do mundo. Dessa forma, o alcance mostra-se como mais uma das vantagens dessas ferramentas, que podem ser utilizadas em praticamente qualquer parte do mundo.

Kotler, Kartajaya e Setiawan (2017, p. 47) assinalam que a migração do marketing tradicional para o digital envolve, principalmente, mudar a perspectiva de "segmentação" para "comunidade". Nesse cenário, a empresa participa do cotidiano dos consumidores, preocupando-se com o dia a dia deles, fornecendo-lhes informações relevantes e úteis, a fim de gerar engajamento e transformá-los em advogados da marca, independentemente do espaço utilizado para se comunicarem.

Para os autores, os consumidores deixaram de ser apenas elementos aos quais se comunica uma decisão, para se tornarem elementos ativos dentro da empresa, fornecendo opiniões, identificando erros, tendências, novas tecnologias, bem como formas de agir e pensar.

De modo semelhante, Kotler e Keller (2006, p. 489) mencionam o marketing digital em suas pesquisas como marketing interativo ou *e-marketing* e apontam a interatividade com o público como uma de suas grandes vantagens. Nesse formato, o negócio consegue "conversar" com os seus clientes com uma facilidade maior, em uma comunicação em duas vias. No marketing tradicional, havia um fluxo informacional unidirecional e verticalizado, no qual somente a empresa pronunciava.

Por fim, as ações em ambientes digitais têm um custo baixo. Publicidades na TV, nos *outdoors*, nas revistas, nos jornais e nos impressos como panfletos e cartazes têm um custo muito alto para resultados geralmente imprecisos. Com a expansão das novas tecnologias, sabe-se exatamente quantas pessoas foram impactadas por um anúncio, quantas interagiram e quantas efetivamente realizaram uma compra *online*. Por conta disso, o marketing digital popularizou-se. Hoje, micro e pequenas empresas conseguem fazer propagandas de seus negócios com uma quantia pequena, mas com um alcance preciso.

Como já observamos, a empresa deve estar presente nos mesmos espaços que os consumidores. Portanto, hoje, atuar na internet é fundamental. Isso, porque o público se habituou a pesquisar nas ferramentas de busca, a utilizar as mídias sociais, a propagar as informações que consideram coerentes, em qualquer lugar, por meio de diversos dispositivos.

Há vários caminhos para a produção do marketing digital, como a construção de endereços eletrônicos e perfis em redes sociais para o negócio. Além disso, existem algumas vertentes específicas, como o marketing de conteúdo, as ferramentas de busca, as redes de *ads*, as ferramentas de gestão de cliente (CRM – *customer relationship management*), as ferramentas *analytics* e o *mobile* marketing.

O marketing de conteúdo baseia-se no compartilhamento de informações de interesse do público-alvo, de forma que ele relacione o bom conteúdo à empresa que o produziu. Assim, esses consumidores se tornam mais propensos a interagir e adquirir seus produtos. Segundo Justino (2017), o *inbound marketing* também é conhecido como *marketing de atração* e se fundamenta na conquista do interesse do público, a fim de torná-lo cliente por meio de uma relação duradoura. Tal modelo corresponde a qualquer recurso criado para atrair possíveis consumidores, desde a produção de conteúdos relacionados ao mercado em que atua até canais de recepção de interessados. Esse conceito também se relaciona com a criação de autoridade para a empresa, no entanto seu grande diferencial é utilizar ferramentas atuais para isso, como *sites*, blogues e vídeos.

O uso de ferramentas de busca representa o método mais utilizado no marketing para aumentar o tráfego de *sites*. Os maiores portais de buscas dispõem de sistemas que colaboram para que a empresa figure na primeira página das pesquisas. Esse tráfego pode ser feito de forma orgânica, sem investimento financeiro, ou por meio de anúncios, com investimento. Estar nos resultados de buscas por palavras-chave pode estimular as promoções ou os eventos de vendas e aumenta a exposição de uma marca.

As *ads*, também conhecidas como *social ads*, encontram-se dentro de plataformas como Instagram e Facebook, sendo sistemas de mídias pagas e publicidades anunciadas em redes sociais. Por meio delas, torna-se possível alavancar as visualizações dos anúncios, atingindo o nicho de mercado desejado. Para isso, o processo utiliza a segmentação de informações de perfil e as preferências dos usuários para organizar as campanhas.

O *analytics* ou *web analytics* corresponde à análise de dados coletados por meio da publicidade digital, possibilitando a realização de métricas e o gerenciamento mais efetivo das estratégias de marketing. Basicamente, consiste na leitura e na interpretação de dados digitais, a fim de criar promoções mais intuitivas.

Mobile marketing é um termo utilizado para descrever ações publicitárias focadas em *smartphones* e *tablets*. Kaplan (2012) o define como uma atividade realizada especificamente para consumidores que estão sempre conectados por meio de um dispositivo móvel. Com o uso dos *mobiles*, as pessoas podem interagir mais com as marcas, sem estar na frente de um computador. Assim, esse método busca, nas estratégias do marketing, a consolidação de uma relação cada vez maior com os clientes.

Kotler, Kartajaya e Setiawan (2017 p. 52) ressaltam que o marketing digital não existe para substituir o tradicional, mas para ser outro ponto de interação entre a empresa e seu público-alvo. Os autores propõem, ainda, uma divisão entre ambos, demonstrando seus papéis e suas relações um com o outro:

- Marketing tradicional:
    - segmentação estratégica;
    - diferenciação e posicionamento de marca;
    - *mix* de marketing (produto, preço, praça e promoção) e abordagem de vendas;

- criação de valor, serviços e processos.
- Marketing digital:
  - confirmação da comunidade consumidora;
  - clarificação e caracterização da marca;
  - conexão do *mix* de marketing (cocriação, moeda, ativação da comunidade e conversação) e suas comercializações;
  - suporte colaborativo ao cliente.

Desse modo, podemos concluir que o marketing tradicional tem como sua principal função a geração de interesse e a exposição, enquanto a abordagem digital se concentra na criação de importância, na defesa da marca e em ações específicas. Assim, os dois modelos integram-se de modo a entregar valor para produtos e serviços e, consequentemente, satisfazer os desejos dos consumidores.

3.1.1 A missão do profissional de marketing e o ambiente digital

Devemos ressaltar que o objetivo principal do profissional de marketing é sempre gerar receita. O trabalho de comunicação e identificação de padrões de consumo tem como foco final a venda e, portanto, o aumento do lucro. Contudo, as formas e as etapas para alcançar esse objetivo variam.

Imagine que você vai escalar uma montanha. O objetivo de chegar até o topo permanece imutável independentemente da forma a ser utilizada para alcançá-lo. Para ir até o cume, você pode usar uma corda nos trechos mais inclinados, caminhar onde o caminho é menos íngreme e pular se houver buracos. No entanto, caso fique dando voltas e não consiga seguir em direção ao topo, pouco importa quantos metros de corda escalou, quantos quilômetros caminhou ou quantos buracos pulou, porque não conseguiu atingir sua meta. No marketing digital, uma lógica semelhante opera: o objetivo final é ter receita positiva e, com esse fim, é possível criar conteúdo em redes sociais para receber curtidas e comentários, anunciar em canais que tenham uma alta taxa de cliques (CTR – *click-through rate*) ou divulgar vídeos que gerem compartilhamentos. Porém, investir apenas nessas métricas secundárias pode dificultar que o propósito principal seja alcançado.

Esses indicadores secundários são muito úteis para medir o grau de interesse dos clientes. Nas redes sociais, por exemplo, é possível avaliar o grau de interação dos usuários como um fator determinante de interesse. Se uma publicação tem muitas curtidas, comentários, compartilhamentos e marcações, isso significa que a audiência está interessada nesse tipo de conteúdo. Por sua vez, esse interesse pode ser utilizado em outras ocasiões ou mais frequentemente, de modo que o consumidor se torne mais inclinado a interagir com a empresa e, por fim, realize uma compra. Todo o engajamento do usuário pode ser medido e rastreado de forma que possibilite saber se o trabalho de gerar o conteúdo de interação traz retorno financeiro no curto ou longo prazo. A mídia utilizada é sempre um meio, nunca um fim, ou seja, o profissional não deve ater-se apenas aos elementos secundários, mas ao resultado final, pois a receita positiva corresponde ao dinheiro que entra na empresa – com esse dinheiro, os salários e outros custos são pagos.

3.2
A importância da tomada de decisão baseada em dados

O profissional de marketing digital precisa sempre focar o retorno financeiro proveniente de sua atuação. Por isso, é importante calcular cada etapa e cada ação com a certeza de que o investimento, sempre escasso, estará bem aplicado. Com dados corretos, é possível tomar decisões acertadas; mesmo que eventualmente se erre, é possível aprender rapidamente com isso, identificando-se as causas do equívoco. Por outro lado, com dados errados, sempre se faz a escolha errada. Se, em um golpe de sorte, uma deliberação baseada erroneamente em informações duvidosas der certo, jamais será possível replicar esse acerto ou compreender as razões que o viabilizaram.

Imagine que você viajou, está dirigindo por uma cidade desconhecida e quer visitar uma cachoeira da região. Sem conhecer o caminho – ou sem a companhia de alguém que conheça –, jamais se chega ao destino. Caso utilize um GPS ou um mapa desatualizado, possivelmente você vai se perder diversas vezes, errando o trajeto, entrando em ruas que não existem mais ou passando pela entrada correta sem sequer se dar conta. Contudo, com um mapa atualizado, consegue chegar ao local sem problemas. Isso porque, neste último cenário, você escolheu as direções baseando-se em informações precisas. Da mesma forma, decisões empresariais devem ser tomadas com base em dados corretos e capazes de guiar na direção certa. Por isso, é sempre recomendável verificar como os dados estão sendo coletados e se estão corretamente organizados de forma lógica.

Toda análise de dados deve demonstrar uma relação direta e lógica. Coincidências existem e muito frequentemente são correlacionadas de forma completamente equivocada. Por exemplo, nas edições de 2004 e 2011 do Grande Prêmio de Fórmula 1 do Brasil, a corrida aconteceu com o campeão mundial já definido, pois a diferença de pontuação estava tão grande que o resultado de uma única competição não afetaria as primeiras posições da classificação final (Couto, 2013). Exatamente nesses dois anos, ocorreram dois terremotos com intensidade próxima a 9 graus na Escala Richter, na Indonésia e no Japão, respectivamente (U. S. Geological Survey, 2020a, 2020b). Com base apenas nessas duas informações, alguém poderia concluir que, a cada ano que uma corrida de Fórmula 1 no Brasil ocorre com o resultado da competição já definido, acontece um terremoto devastador na Ásia. Obviamente, esses são eventos totalmente isolados, sem absolutamente nenhuma correlação direta ou indireta. Desse modo, afirmar que de alguma forma um pode influenciar o outro é simplesmente errado. Por mais absurdo que esse exemplo possa parecer, muitas vezes decisões dentro de empresas são tomadas com base em dados igualmente improváveis e sem relação, sendo necessário, pois, ter bom senso e humildade na hora de analisar as informações.

3.3 Modelos de atribuição

Antes de tentar resolver um problema, é importante defini-lo bem. Quando se gasta tempo compreendendo um problema com clareza, a solução torna-se mais simples. Nesta seção, veremos padrões a serem usados para análise e modelos de atribuição.

Atribuir valor para uma mídia em um determinado processo visa possibilitar a valorização correta de cada etapa percorrida pelo usuário até a conclusão de uma venda. Ainda falta um consenso sobre a atribuição em vários canais; assim, para deixar mais claro o assunto, abordaremos três problemas de atribuição não *online*, ou seja, todas as vendas feitas fisicamente e fora do ambiente digital, conforme Kaushik (2012).

3.3.1 Atribuição de valor para compras *online* para uma loja física

A atribuição de compras *online* para uma loja física corresponde à tentativa de profissionais de marketing e analistas de compreender os impactos *off-line* na loja, como receita, valor de marca, ligações telefônicas, entre outros, originados por anúncios e pelo ambiente digital. Um exemplo disso seria uma loja física que vende aparelhos de celular e deseja saber quantos deles foram vendidos a partir de anúncios na busca comparado com as vendas realizadas na loja virtual.

Quando diretores de empresas buscam entender a atribuição em vários canais (ou atribuição multicanal), eles, geralmente, pensam nesse modelo do impacto na loja proveniente de recursos *online*. Portanto, se o diretor da empresa em que você trabalha lhe pedir ajuda para resolver um problema de atribuição, pergunte para ele a que tipo de modelo de atribuição ele está se referindo, de modo a clarificar sua solicitação.

A separação entre *online* e *off-line* encontra-se muito mais tênue, de modo que as duas esferas se mesclam constantemente. É difícil definir, por exemplo, se uma pessoa que está se direcionando à loja física enquanto lê informações sobre o produto em seu celular representa uma ação digital ou não. E quando um consumidor compra um produto na loja virtual e pede para retirar na loja, você considera essa uma operação totalmente *online*, uma ação *off-line* com somente o pagamento *online* ou algo diferente? Além disso, uma instância afeta a outra; por exemplo, campanhas de TV ou rádio afetam as buscas na internet, e as ações nesta última influem na compra de um produto.

A atribuição do impacto *online* em lojas físicas é fundamental, sendo solucionado por experimentos. Uma solução é criar um código único para dois tipos de produtos com vendas semelhantes na loja física e fazer a divulgação *online* de apenas um deles. Se o produto que foi divulgado tiver um incremento nas vendas, será possível medir o impacto da divulgação *online* nas vendas *off-line*. A partir disso, pode-se investir a quantia necessária para o incremento esperado de vendas.

3.3.2 Atribuição de valor para várias telas

Com a adoção massiva de telefones celulares e *tablets*, podemos considerar, somando-os às televisões e aos computadores, que as pessoas são impactadas constantemente por quatro telas. Assim, gestores mais experientes referem-se à atribuição de valor para várias telas ao questionarem sobre atribuição multicanal. Nesses casos, eles, na verdade, querem saber quais tipos de experiência o público tem com a empresa nos diferentes dispositivos, em quais mídias ele está buscando informação e quais ações estão gerando resultados.

Um exemplo desse modelo de atribuição é saber o tipo de busca que um indivíduo realiza em seu celular enquanto assiste a um comercial de TV de determinada empresa e que resulta em um clique. Esse ato gera um novo impacto no consumidor, que, no dia seguinte, enquanto navega pelo celular, fica motivado a realizar uma compra pelo *laptop* quando chega em casa. A ação de reimpactar um usuário com uma informação já vista antes é chamada de *remarketing* ou *retargeting* e é utilizada em várias ferramentas de anúncios.

Nesse caso, atribui-se o valor da compra para o comercial de TV, para a pesquisa paga e o *remarketing* no celular e para a conversão "direta" pelo computador.

O desafio primário está no aumento superlativo da dificuldade de rastreamento provocado por aspectos como a troca de dispositivo durante a utilização, as restrições tecnológicas e o respeito à privacidade. As únicas exceções são as empresas que mantêm os usuários quase sempre conectados às suas contas, seja no computador, seja no celular, tais como Google e Facebook. Essas empresas dispõem de uma quantidade massiva de informações e conseguem identificar padrões de utilização e consumo em virtude dessa montanha de dados que gerenciam.

Conseguir relacionar todos os dispositivos com os padrões de consumo dos usuários ainda representa um desafio sem solução ou, no melhor dos cenários, incompleto. Assim, esse tipo de atribuição corresponde a um desafio para os profissionais do marketing quando comparado com a atribuição de ações *online* em lojas físicas.

3.3.3 Atribuição de valor para vários canais *online*

Na maioria das vezes, os profissionais de marketing digital referem-se ao modelo de atribuição de valor para vários canais *online* quando buscam compreender quais meios (redes sociais, busca, Youtube, *e-mail* marketing, tráfego de referência, acesso direto etc.) contribuem para uma conversão em compra.

A maioria dos *sites* de análise atribui, por padrão, a conversão ao clique proveniente do canal imediatamente anterior. Esse método é conhecido como *atribuição de último clique*.

Nesse sentido, algumas questões se apresentam: Quanto do crédito pela conversão deve ser dado a cada mídia? Tráfego direto deve ter 100% da atribuição? Quanto se deve atribuir às mídias sociais? Talvez menos, por volta de 5%?

Nesse tipo de análise, acessam-se dados sobre diversas visitas realizadas por um único navegador. Pelo Google Analytics, obtêm-se essas informações de atribuição mesmo com a busca orgânica sendo realizada pelo celular. Isso porque a ferramenta as integra para que a análise fique mais confiável e menos sujeita à variação de troca de telas. Essa integração demonstra que, embora os modelos de atribuição tenham objetivos de análise diferentes, o cenário futuro ideal compreende sua conjunção. Porém, por enquanto, seguiremos considerando-os como modelos distintos.

Ainda sobre o exemplo anterior, existe a possibilidade de que o número de consumidores que compram na loja física depois de passar por algum outro canal digital seja maior do que o estimado por meio das análises. No entanto, essa informação se perde, já que ainda não é viável identificar quais *sites* uma pessoa visitou antes de adquirir um produto ou contratar um serviço *off-line*.

É importante ressaltar que uma pesquisa direta, em que se fazem perguntas ao consumidor, não representa a melhor forma de tentar avaliar ou coletar essas informações, já que as questões podem ser mal elaboradas, mal interpretadas e mal respondidas. Geralmente, um consumidor não sabe a diferença entre uma pesquisa paga e uma orgânica, ou entre acesso direto e YouTube, assim como dificilmente consegue remontar o trajeto realizado *online* até decidir ir à loja física. Ou talvez ele até compreenda esses aspectos, mas se confunda na hora ou simplesmente responda algo que não aconteceu. Portanto, quando falamos em analisar o comportamento do usuário, referimo-nos a rastrear anonimamente seus passos, acumulando dados suficientes para compreender o padrão de consumo de forma genuína, baseada puramente no comportamento e não na interpretação.

Na próxima vez que alguém disser que busca uma atribuição multicanal, lembre-se de tentar compreender a qual tipo de modelo essa pessoa se refere: se é à influência do *online* nas lojas físicas, à atribuição para várias telas ou àquela para vários canais. Caso essa pessoa conheça as diferenças, você saberá como ajudar e a conversa seguirá em pé de igualdade. Porém, caso ela queira uma atribuição holística e milagrosa, que envolva todos esses modelos, cruze telas e canais *online* e *off-line* e entregue informações prontas, saiba que essa pessoa não faz ideia do que quer e não importará a informação apresentada a ela, porque nunca estará correta.

Atribuir corretamente a influência de cada canal se configura em uma tarefa árdua. Contudo, por mais desafiadora que seja, ainda é mais complicada para o consumidor, que está sujeito a uma infinidade de informações de milhares de empresas em todos os caminhos por onde passa.

Perguntas & respostas

Qual é o benefício do marketing digital em relação ao tradicional?

Resposta: O marketing digital possibilita rastrear todas as etapas de interesse do cliente, mesmo antes de ser realizada uma compra, viabilizando análises qualitativas e quantitativas do público-alvo, bem como sua segmentação. Também permite que se alcance um número maior de consumidores e que a interação com eles seja facilitada. Por conta de seus recursos, nessa abordagem, erros de campanha podem ser rapidamente corrigidos. Além disso, seus custos são mais baixos do que os das estratégias tradicionais.

Tomar decisões representa sempre uma tarefa difícil dentro de uma empresa, pois pode acarretar erros irreversíveis. Para um *site* de vendas *online*, quais ferramentas podem ser utilizadas para coletar informações confiáveis que permitam tomar decisões coesas?

Resposta: Qualquer ferramenta que analisa o comportamento do consumidor dentro do *site* pode servir de base para a tomada de decisões. A ferramenta mais comum é o Google Analytics, por ser gratuita e de fácil implementação.

O que é um modelo de atribuição?

Resposta: É uma forma de atribuir valor a uma etapa num processo de compra. Pode ser a atribuição de uma loja física ao influenciar na compra *online*, e vice-versa, ou, então, a influência que um determinado *site* exerce sobre um consumidor ao induzi-lo a realizar uma compra.

3.4
O cálculo do ROI

O retorno sobre o investimento (*return on investment* – ROI, em inglês) corresponde a um cálculo que mede a efetividade de uma ação. Divide-se a receita pelo custo realizado:

$$\frac{Receita}{Custo} = Retorno\ sobre\ o\ investimento\ (ROI)$$

Se foram investidos R$ 500,00 em uma determinada ação de marketing que gerou uma receita de R$ 700,00 em vendas, a divisão da receita pelo investimento (700/500) indica um ROI de 1,4. Esse valor indica que, a cada R$ 1,00 real gasto nessa ação, obteve-se R$ 1,40 em troca. Dessa forma, um ROI acima de 1 significa lucro para a empresa.

Agora, imagine que essa mesma empresa alcançou uma receita de R$ 200,00. Nesse caso, o cálculo seria 200/500, resultando em um ROI de 0,4, isto é, a cada R$ 1,00 investido, o retorno foi de apenas R$ 0,40, gerando prejuízo.

Existem situações em que o cálculo do ROI considera nos investimentos os custos fixos de produção, chegando a um valor mais preciso. Contudo, o cálculo relativo às campanhas de marketing já atende aos propósitos deste livro.

Perguntas & respostas

O que é ROI? Como ele é calculado?

Resposta: ROI é a sigla de *return on investment* ou retorno sobre o investimento. Calcula-se seu valor dividindo a receita gerada pelo custo investido numa determinada ação.

Quando um ROI é considerado bom?

Resposta: Quando o ROI está acima de 1, significa que a receita é maior que o custo, ou seja, a empresa tem lucro. Se o ROI é menor que 1, então a empresa está tendo prejuízo com determinada ação.

Estudo de caso

I. A tomada de decisão baseada em dados

Segundo o Google Analytics, 60% dos usuários do site de uma determinada empresa, o acessavam por dispositivos móveis. Com base nessa informação, que parecia confiável num primeiro momento, decidiu-se investir na melhoria da versão *mobile* do *site*, de forma que esses usuários tivessem uma experiência melhor na página e ficassem mais confortáveis na hora de comprar.

Posteriormente, realizou-se uma análise mais profunda, na qual se revisou a forma como o código do Google Analytics foi inserido, e constatou-se que a ferramenta era ativada duas vezes quando alguém acessava a página pelo celular. Isso porque, quando um usuário acessa o *site* no dispositivo móvel, o código era ativado uma vez e, em seguida, o usuário era redirecionado para uma versão mais compacta do *site*, que acionava o código novamente, contabilizando-se um novo acesso.

Antes de prosseguir com o investimento num novo *site mobile*, a configuração foi corrigida. Verificou-se que o tráfego de pessoas por celular era exatamente a metade (30%) do observado na análise errônea. Desse modo, tal melhoria focada nessa parcela dos usuários saiu da prioridade da empresa. Ela ainda foi realizada, mas, em vez de ser uma ação emergencial para o mesmo mês, passou a ser tratada como secundária, sendo entregue, com uma qualidade maior, nos meses seguintes.

II. A forma correta de atribuir valor

O Google Analytics permite registar o valor de receita para cada venda realizada em um *e-commerce*, por meio de uma *tag* especial cadastrada no *site*. Com relação a essa funcionalidade, podemos citar outro caso real.

Desta vez, trata-se de um *e-commerce* que vendia roupas de luxo, investindo 5 mil reais por mês em anúncios no Google e outros 5 mil em influenciadoras nas redes sociais. Analisando-se a receita por origem de tráfego, concluiu-se que, no caso das vendas geradas por anúncios, o ROI era de 0,6, ou seja, com um investimento de 5 mil reais, recuperava-se apenas 3 mil, o que demonstrava que esse canal gerava prejuízo. Por outro lado, a divulgação por influenciadoras no Instagram resultava em um ROI de 2,2, de modo que os 5 mil reais investidos geravam uma receita de 11 mil! Dessa forma, todo o investimento realizado no Google foi interrompido e realocado para o patrocínio de personalidades que divulgavam a marca.

Síntese

O primeiro passo para tomar decisões corretas é dispor de dados confiáveis, porque com eles é possível saber quais são os melhores caminhos e ações para alcançar o objetivo pretendido. Assim como um mapa guia uma pessoa até o destino correto, dados bem estruturados guiam o profissional de marketing em direção às metas estabelecidas.

Durante esse trajeto, é importante valorizar corretamente cada ação. Se um *site* influencia no processo de compras de uma loja física, então deve-se valorizá-lo adequadamente. Da mesma forma, se a loja física serve de vitrine para compras *online*, então é preciso dar o crédito correto à relação entre a visualização e a compra realizada pelo consumidor.

Mostramos que o ROI mede a rentabilidade de uma ação. Trata-se de uma métrica importante para conseguir definir a efetividade do trabalho com uma determinada receita. De forma geral, dividir a receita pelo investimento já fornece um dado satisfatório, embora, em alguns casos, empresas considerem como investimento também o custo de produção, os custos fixos e demais gastos, de modo a obter um valor de ROI bastante realista e rebuscado, não ficando necessariamente restrito apenas a campanhas de publicidade.

Para saber mais

GOOGLE LLC. Google Analytics. Plataforma online. Disponível em: <analytics.google.com>. Acesso em: 12 fev. 2020.

ADOBE INC. Adobe Analytics. San José, Califórnia. Software digital. Aplicativo.

WOOPRA INC. Woopra Web Analytics. Plataforma online. Disponível em: <https://www.woopra.com/>. Acesso em: 12 fev. 2020.

Modelos de atribuição constituem um assunto bastante atual, com inovações frequentes. Envolvem um cruzamento de dados difícil de ser realizado, pelo fato de envolver compras *online*, *off-line* e multicanal. Dessa forma, buscar informações em fóruns e explorar novas ferramentas são opções bastante viáveis. Busque compreender como as ferramentas de atribuição medem o retorno de cada canal, para entender melhor como organizar esse tipo de modelo. Algumas ferramentas a serem exploradas são o Google Analytics, o Adobe Analytics ou o Woopra.

Questões para revisão

1. O que pode acontecer quando uma decisão é tomada com base em dados errados?
2. Por que é mais importante ter dados confiáveis do que uma opinião eloquente?
3. O que é *retargeting*?
    a. A mudança de *target*, isto é, o público-alvo.
    b. O trabalho de reutilizar materiais publicitários antigos.
    c. A ação de reimpactar usuários com uma informação já vista antes.
    d. O oposto de *remarketing*.
    e. O processo de definição de público-alvo para campanhas *online*.

4. O que é ROI?
    a. A relação entre receita e cliques.
    b. A relação entre cliques e impressões.
    c. A relação entre receita e custo.
    d. A relação entre custo e quantidade de usuários de um *site*.
    e. A relação entre cliques e custo.
5. Uma empresa obteve R$ 167.571,00 de lucro com uma campanha que custou R$ 150.001,00. Qual foi o ROI dessa ação?
    a. 1,1
    b. 0,1
    c. −0,1
    d. −1,1
    e. 1,7

Questões para reflexão

1. Mesmo com dados corretos, pode ser que decisões equivocadas sejam tomadas. O que fazer nesses casos?
2. É possível calcular o ROI em cada etapa de um processo ou em todos os setores de uma empresa?
3. Você acha que as decisões tomadas nas empresas geralmente são bem embasadas ou não?
4. O que pode acontecer caso alguma decisão de negócio não seja embasada em dados?
5. O que se deve fazer quando alguém prova que tem uma sugestão de melhoria mais efetiva do que a sua?

04 Google Analytics

● Conteúdos do capítulo:
- O Google Analytics e suas funcionalidades.

● Após o estudo deste capítulo, você será capaz de:
1. definir as utilidades do Google Analytics;
2. conhecer sua interface e os relatórios que ele gera;
3. realizar a configuração inicial de uma conta.

O Google Analytics é a principal ferramenta de análise dos dados de um *site* e dos comportamentos dos usuários, sendo um recurso essencial para a coleta de informações basilares para as decisões de marketing e, até mesmo, de negócios. É possível acessá-lo pelo link: <http://analytics.google.com>.

4.1 Visão geral do Google Analytics

O marketing depende muito de análises. Por essa razão, o Google Analytics constitui-se em uma ferramenta crucial, na medida em que fornece informações suficientes para a melhoria do *site* e o entendimento do comportamento do usuário, além de dados de mercado. Nesse sentido, é possível identificar a quantidade de cliques, sessões e visualizações, as ações realizadas na página, os navegadores e o sistema operacional utilizados, o local de acesso e várias outras informações igualmente úteis. Trata-se de uma ferramenta gratuita, com uma versão paga apenas com alguns recursos mais avançados e pontuais. Para utilizá-la, é necessário apenas criar uma conta e inserir uma *tag* (uma linha de código) em seu *site*.

Figura 4.1 – Interface do Google Analytics

Google e o logotipo do Google são marcas registradas da Google LLC, usado com permissão.

A ferramenta divide-se em Propriedades, os *sites* nos quais você coleta as informações, e Vistas, os relatórios *online*. Nesta última, é possível filtrar informações para que você consiga avaliar apenas o mais relevante para a análise. A Figura 4.2 exemplifica como é a estrutura de uma conta do Google Analytics.

Figura 4.2 – Estrutura da conta do Google Analytics

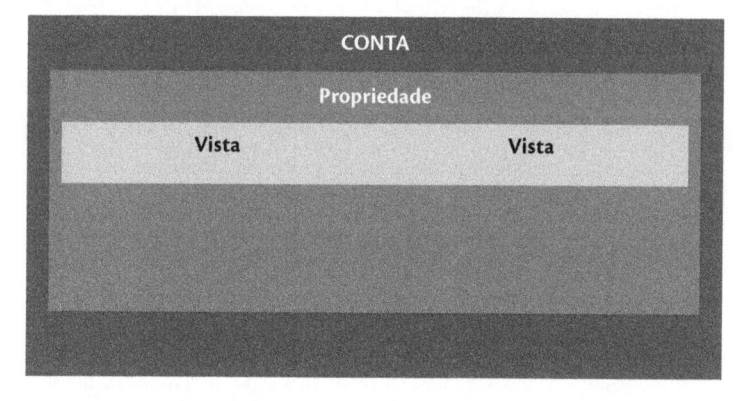

CONTA	
Propriedade	
Vista	Vista

A conta funciona como um guarda-chuva capaz de abrigar vários *sites* que se deseja monitorar. Para isso, basta criar uma propriedade diferente para cada um deles. Dentro de cada uma dessas, você pode ter relatórios diversos, chamados de *vistas*. Estes, como o nome sugere, simplesmente, facilitam a visualização das informações, permitindo a criação de filtros que excluam informações específicas. Supondo-se que você queira observar apenas dados de navegação de usuários de uma determinada cidade, então você deve criar uma Vista nova que aceite apenas informações dessa região. Desse modo, obtém-se um relatório já filtrado que vai simplificar a análise.

Como especificado em Google (2019b), "cada login no Google Analytics pode ter até 100 Contas. Cada Conta suporta até 50 Propriedades e cada Propriedade permite ter até 25 Vistas".

4.2 Análise de dados

Quando fizer o *login* no Google Analytics e criar uma propriedade, você verá um ID único para adicionar em seu *website*. Esse ID contém as letras "UA" e uma sequência de números e deve ser adicionado em todas as páginas de seu *site* conforme as instruções da ferramenta. Recomenda-se encaminhar o código completo para que o *web designer* da empresa realize essa tarefa. Isso porque é essencial que o código esteja corretamente instalado, uma vez que erros podem danificar as informações, fazendo com que venham incompletas ou duplicadas, o que invalidaria totalmente qualquer análise posterior. Também pode acontecer de não ser registrado nenhum dado, de forma que os dados estarão perdidos e não poderão ser recuperados. Como este livro aborda essas ferramentas sob a perspectiva dos negócios e do marketing, não discutiremos o funcionamento técnico dessa linha de código.

O Google Analytics agrupa os relatórios em cinco áreas principais, conforme indica a coluna da esquerda da Figura 4.1:

- Em tempo real;
- Público-alvo;
- Aquisição;
- Comportamento;
- Conversões.

Os demais elementos (Página inicial, Personalização, Descobrir e Administrador) são destinados ao gerenciamento da ferramenta pelo usuário. A seguir, exploraremos cada um dos itens do menus, a fim de esclarecer melhor as possibilidades do sistema, de acordo com a exibição na Figura 4.1.

Página inicial

A página inicial fornece informações gerais sobre seu *site*, como usuários ativos nos últimos sete dias, comparativos de acesso e visões gerais sobre a página. É a primeira visualização que você terá ao acessar o Google Analytics.

Personalização

Os padrões de relatórios que o Google Analytics oferece são bastante amplos e completos, mas, caso haja necessidade de avaliar informações mais específicas, há a possibilidade de criação de relatórios personalizados. Estes são feitos na medida de sua necessidade, porém demandam um conhecimento mais avançado da ferramenta.

Com eles, é possível ter todas as informações que o Google Analytics fornece organizadas da forma como julgar mais conveniente. Além disso, existe a possibilidade de criar relatórios filtrando-se dados de modo a, por exemplo, enviar para parceiros comerciais apenas o que for relevante, sem comprometer o restante. Para fazer isso, basta acrescentar filtros no relatório personalizado, sem necessidade de adicioná-los à vista inteira. Outrossim, os relatórios personalizados são de grande valor caso você precise de alguma informação que, por padrão, não esteja disponível.

Tempo real

O item "Em tempo real" exibe a quantidade de usuários ativos, páginas visitadas e *sites* de origem de tráfego em tempo real, mostrando informações ao vivo (Figura 4.3).

Figura 4.3 – Relatório com informações em tempo real, sendo atualizadas a cada segundo

Google e o logotipo do Google são marcas registradas da Google LLC, usado com permissão.

Trata-se de um recurso muito útil para identificar o aumento ou a diminuição repentina no número de acessos ao *site*, permitindo constatar problemas, como uma queda do servidor, ou boas oportunidades, como um crescimento de interesse por determinado assunto. Comumente, empresas tem um monitor no meio da sala exibindo informações em tempo real.

Público

Na aba "Público-alvo" estão os relatórios mais detalhados sobre o seu público, sendo possível extrair inúmeras informações:

- User explorer: reconhece o ID dos usuários que navegaram pelo site. A identidade de cada um permanece anônima, possibilitando a análise da navegação específica sem a revelá-la. Esse é um requisito restrito, em razão da política de privacidade de informações do Google.
- Informações demográficas: verifica a idade e o sexo dos visitantes, também de forma anônima.

- Interesses: uma vez que as pessoas navegam por diversos *sites* ao longo do dia, esse relatório registra quais outros assuntos os usuários buscaram. Por meio dele, é possível identificar outras afinidades de seus clientes, assim como reconhecer seus padrões de consumo e interesse.
- Geográfico: exibe informações como o país, o estado, a cidade e o idioma dos visitantes.
- Comportamento: mostra a frequência com a qual os usuários acessam sua página, mostrando quantos usuários são novos e quantos são recorrentes em seu *site*.
- Tecnologia: registra informações sobre o navegador e o sistema operacional dos usuários, também de forma anônima.
- Dispositivos móveis: exibe a quantidade de usuários por dispositivo, isto é, por computador, celular ou *tablet*, bem como o modelo e o sistema operacional dos *smartphones*.
- Comparativo de mercado: compara seu *website* com outros similares do mesmo segmento. Os dados baseiam-se na quantidade de pessoas que o acessam e no nicho em que atua (identificado automaticamente).
- Fluxo de usuários: permite a visualização da navegação dos usuários. Não serve para tomada de decisões, mas como curiosidade e visualização interativa.

A seguir, abordaremos vários parâmetros bastante comuns e de uso diário no Google Analytics. É fundamental compreender precisamente esses conceitos, para conseguir conduzir as análises de maneira correta, sem cometer erros.

- Sessões: o período em que o usuário está interagindo com seu *site*, independentemente de quantas páginas visite nesse tempo. Depois de 30 minutos de inatividade, a sessão encerra-se e, caso o mesmo usuário retorne, será considerada uma nova.

- **Usuários**: as pessoas que acessam o *site*, podendo realizar mais de uma sessão.
- **Visualização de página**: total de páginas visualizadas, incluindo páginas repetidas, pelo mesmo usuário.
- **Página/sessão**: número médio de páginas visualizadas na mesma sessão.
- **Duração média da sessão**: tempo que o usuário permaneceu no *site*, em uma mesma sessão.
- **Taxa de rejeição**: porcentagem de sessões de página única em que não há interação, isto é, pessoas que acessam o *site* e saem sem se relacionar com ele. Em inglês, é conhecida também como *bounce rate*, isto é, "taxa de quicagem".
- **Taxa de saída**: porcentagem de pessoas que saem do *site* em páginas específicas, ou seja, corresponde ao cálculo de quais são as últimas páginas que as pessoas visitam antes de sair. É importante diferenciar a taxa de saída da taxa de rejeição. Isso porque, embora na primeira sejam consideradas as pessoas que saem, elas interagem de alguma forma.

Aquisição

Em "Aquisição" há dados sobre em quais *sites* as pessoas encontraram um *link* para sua página. Esse item mostra a origem de tráfego que levou o usuário até sua página, sendo um dos relatórios mais importantes, pois é por meio dele que você consegue identificar quais mídias, pagas ou não, estão trazendo retorno. Essa aquisição de tráfego pode se dar de várias formas, entre elas:

- **Acesso direto**: quando os usuários digitam o endereço do *site* diretamente na URL do navegador.
- **Busca orgânica**: resultados dos mecanismos de busca, como Google e Bing, que não sejam patrocinados.
- **Busca paga**: *links* patrocinados nos mecanismos de busca.

- **Redes sociais**: qualquer acesso proveniente de redes sociais, como Facebook e LinkedIn.
- **Referência**: textos e artigos em *sites* variados com um *link* para sua página.

Os profissionais que trabalham com mídias pagas, como Google Ads, o Facebook Ads e outras formas de tráfego patrocinado, devem verificar essas informações com frequência, a fim de identificar quais investimentos geram um retorno maior – isto é, retorno sobre o investimento (ROI), conforme observamos no Capítulo 3 – e quais podem acarretar prejuízo. Também existe a possibilidade de integrar o Analytics com o Google Search Console, uma ferramenta que traz estatísticas da busca orgânica para seu *site*, como posição do *link* na página, quantidade de pesquisas por sua página e quantidade de cliques no *link*, obtendo-se, assim, informações mais detalhadas da navegação dos usuários.

Comportamento

No item "Comportamento", você encontra detalhes sobre páginas específicas, suas visualizações, suas porcentagens de saída e seus fluxos de usuários. Também são registrados os eventos do *site*, etapas importantes correspondentes a ações específicas e definidas manualmente, como o número de pessoas que clicaram para dar *play* em um vídeo. Embora eventos e metas sejam muito semelhantes, na condição de marcadores de ações dentro da sua página, consideram-se como metas apenas os eventos mais significativos.

Conversões

Na aba "Conversões", você encontra dados de metas e também informações sobre vendas realizadas em seu *site*. Esse é o relatório mais importante para a análise de receita em *e-commerces*, no qual se exibem transações e receitas, caso se configure o comércio eletrônico (essa tarefa demanda o trabalho de um programador, por isso não a abordaremos neste livro).

Com esses recursos, você pode analisar as atividades de compra em seu *site* e visualizar os detalhes sobre produtos e transações, o valor médio do pedido, a taxa de conversão de comércio eletrônico, o tempo até a compra, bem como outros dados relevantes. Com esses dados, é possível verificar quais mídias trazem mais vendas e quais não correspondem às expectativas, de modo a direcionar melhor os investimentos com publicidade. Da mesma forma, o relatório mostra a quantidade de pessoas que realizaram uma meta e outras informações referentes a algum objetivo definido. Discutiremos mais sobre metas na Seção 4.4.

Descobrir

Em "Descobrir", você encontra notícias, infográficos e informações para ficar atualizado quanto às mudanças no Google Analytics. Não é utilizado com muita frequência, mas vale a pena consultar as curiosidades variadas e as novidades que eventualmente surgem na ferramenta.

Administrador

A aba "Administrador" corresponde à área de configuração de sua conta, na qual é possível criar propriedades, vistas, filtros, metas e várias outras definições importantes para o registro de informações corretas. Sendo administrador, você pode determinar níveis de acesso para outros usuários, ou seja, definir quem poderá visualizar/editar outras vistas.

Quando você adiciona uma propriedade a uma conta, o Google Analytics cria automaticamente sua primeira vista da propriedade. Essa primeira vista não tem filtros, ou seja, compreende todos os dados dessa propriedade. Recomenda-se mantê-la não filtrada, pois, assim, todos os dados do *site* estarão sempre disponíveis para consulta. Ao criar um filtro em uma Vista, você passa a excluir certos dados.

Depois da criação de uma vista, as informações só começam a aparecer a partir desse momento, não sendo possível visualizar as mais antigas. Se você excluir uma vista da propriedade, seus dados vão desaparecer para sempre.

Perguntas & respostas

O que é o Google Analytics?

Resposta: É uma ferramenta gratuita que coleta dados de navegação do usuário em um determinado *website*.

Qual é a diferença entre usuário e sessão no Google Analytics?

Resposta: Usuário é uma pessoa que acessou um determinado *site*. Sessão é a quantidade de vezes que ele navegou naquele dia. Dessa forma, um único usuário pode gerar várias sessões ao longo do dia.

4.3
Criação de filtros

Os filtros eliminam determinados dados de análise com o único objetivo de facilitá-la. Eles são criados para vistas específicas, constituindo-se em um ótimo recurso para facilitar a compreensão das informações.

Importante!

Quando você cria um filtro, as informações que deixa de coletar nunca serão recuperadas. Por isso, é fundamental ter sempre uma vista de propriedade reserva, sem qualquer tipo de filtro, e criar uma nova para a filtragem.

Alguns exemplos de informações que podem ser alteradas (excluídas) do seu Google Analytics são:

- tráfego de funcionários e pessoas da empresa;
- pessoas que navegam de uma região específica (por exemplo, excluir pessoas da Rússia, do Mato Grosso ou de outro local);
- pessoas que utilizam uma determinada marca de telefone ou sistema operacional.

Tendo em vista a interface representada na Figura 4.1, para criar um novo filtro, clique na aba "Administrador" (representada por uma engrenagem), no canto inferior esquerdo e, depois, em "Filtros", dentro da coluna "Vista" (Figura 4.4).

Figura 4.4 – Seção "Filtros" na coluna "Vista"

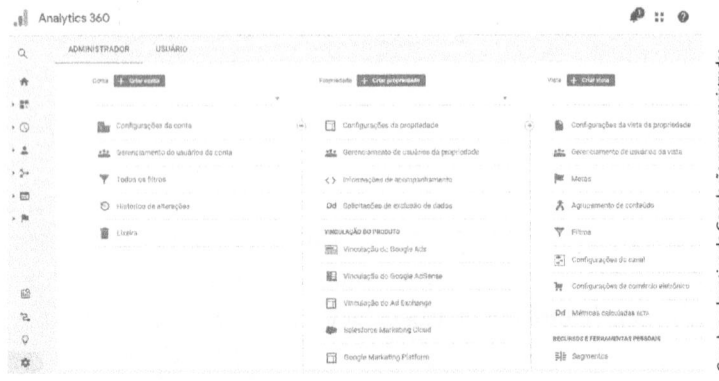

Google e o logotipo do Google são marcas registradas da Google LLC, usado com permissão.

À guisa de ilustração, imagine que uma fábrica em Curitiba trabalha apenas com produtos para exportação. Você é contratado para ser responsável pelo marketing digital dessa empresa e, durante seu trabalho, decide que o tráfego proveniente da cidade onde se realiza a produção não é relevante. Para excluí-la da vista da propriedade, você deve seguir alguns passos:

1. Clique na aba "Administrador.

2. Localize a coluna "Vista".
3. Clique na seção "Filtros".
4. Selecione "+ ADICIONAR FILTRO".
5. Nomeie seu filtro.
6. Clique em "Personalizado".
7. Marque "Excluir".
8. Em "Campo de filtro", selecione "Cidade".
9. Em "Padrão de Filtro", digite "Curitiba".
10. Clique em "Verificar este filtro" para ter certeza de que está correto.
11. Salve o filtro.

Perguntas & respostas

Qual é a função de um filtro?

Resposta: Um filtro exclui algumas informações coletadas com o único objetivo de facilitar a leitura de outras. É sempre importante ter uma vista sem qualquer tipo de filtro para que nenhum dado se perca.

Depois de criar um filtro, é possível recuperar as informações que não foram coletadas?

Resposta: Não. Uma vez que uma informação é filtrada e deixa de ser coletada, é impossível recuperá-la. Por essa razão, é fundamental sempre ter uma Vista sem filtros para, caso necessário, conseguir verificar dados adicionais.

Consigo informações dos usuários que navegaram no meu *site*, como nome e *e-mail*?

Resposta: Não. Informações pessoais não são exibidas para os usuários do Google Analytics.

4.4 Criação de metas

As metas correspondem a eventos de significativa importância que se deseja rastrear e diferenciar na análise. Com elas, você consegue avaliar as conversões, ou seja, as atividades concluídas com sucesso em seu *site*. Quando uma pessoa realiza uma ação bastante significativa (como comprar algum produto, cadastrar-se para receber *e-mails* ou fazer uma avaliação), é possível fazer com que o Google Analytics a registre com um destaque maior. Dessa forma, torna-se viável analisar mais facilmente todo o caminho que o usuário fez até completar essa conversão.

Alguns exemplos de metas são:

- comprar no *site*;
- visitar uma página específica;
- assistir a um vídeo no *site*;
- ler avaliações;
- criar uma conta no *site*.

As metas podem ser classificadas em cinco tipos, relacionados no Quadro 4.1, conforme os artigos de suporte oficiais do Google.

Quadro 4.1 – Tipos de metas

Tipo de meta	Descrição	Exemplo
Destino	Um local específico é carregado	Tela de agradecimento depois de o usuário enviar uma mensagem
Duração	Sessões que duram um determinado tempo ou mais	10 minutos ou mais gastos em um *site* de suporte
Páginas/telas por sessão	Um usuário visualiza um determinado número de páginas ou de telas	Cinco páginas ou telas foram carregadas
Evento	Uma ação definida como um evento é acionada	Recomendação social, reprodução de vídeo, clique em anúncio

É importante registrar quando uma pessoa realiza uma compra em um *site*, pois assim se medem a receita e o retorno das ações de venda. Porém, também existem outras ações que têm relevância, pois, mesmo que não seja uma venda direta, mas que mostram interesse do usuário. É o caso, por exemplo, de cadastrar-se para receber *e-mails* ou entrar em contato para tirar uma dúvida. Além de criar uma meta que registre as vendas, também é útil criar outra para esse cadastro de *e-mail* ou contato realizado, porque com isso é possível medir quantas pessoas demonstram interesse, mesmo que ainda não tenham comprado efetivamente.

Em suma, com uma meta configurada, você pode analisar os dados relativos a ela separadamente. Embora esse recurso não seja obrigatório e essas informações estejam disponíveis de outras formas, seu uso agiliza e facilita bastante os processos.

Perguntas & respostas

O que é uma conversão ou meta?

Resposta: A conversão ou meta corresponde a uma etapa do *site* considerada como sucesso. Por exemplo, quando um cliente realiza uma compra ou um usuário se cadastra para receber *e-mails*, conclui-se uma meta de sucesso. Cabe a você definir e identificar o que é uma meta de sucesso para sua página.

Quais informações se podem obter com o Google Analytics?

Resposta: Todos os dados de navegação do usuário, como o navegador utilizado, os horários dos acessos, a quantidade de vezes que acessou aquele *site*, o local e os dias em que esses acessos ocorreram.

4.5
Dimensões secundárias

As dimensões secundárias são recursos que permitem detalhar os relatórios com outras segmentações. Por exemplo, permitem saber a melhor cidade por origem de tráfego (Figura 4.5) ou mesmo a quantidade de metas concluídas por hora.

Utilizaremos o primeiro exemplo para ilustrar essa função. Primeiramente, é preciso definir um relatório que registre as mídias de origem de cada acesso. Para tanto, siga o caminho: "Aquisição > Todo o tráfego > Origem/mídia" (Figura 4.5).

Figura 4.5 – Dimensão secundária "Cidade" adicionada à dimensão principal "Origem/mídia"

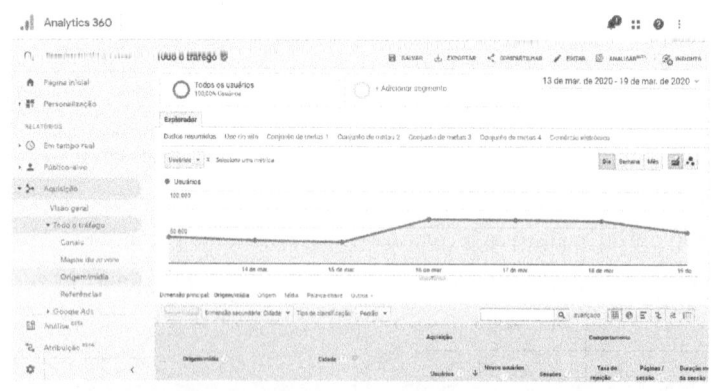

Dessa forma, é possível descobrir em qual *site* o usuário estava antes de chegar ao seu. No caso de "google/cpc", significa que ele estava buscando no Google e clicou em um anúncio (a sigla *cpc*, que significa "custo por clique", indica isso).

Depois de eleger a dimensão principal, no botão "Dimensão secundária" selecione "Cidade". Assim os dados de "Origem/mídia" serão exibidos de acordo com cada cidade que já teve alguma interação. Um aviso de (*not set*) indica que o Google Analytics não conseguiu identificar qual é a cidade de origem de determinado acesso. Isso pode acontecer por algum erro de IP, navegação por *proxy* ou outros motivos similares.

Como as dimensões secundárias são bem versáteis, é possível ter a mesma informação verificando antes a cidade. Acesse "Público > Geográfico > Local" e, depois de listar as cidades, adicione "Origem/mídia" como dimensão secundária. Por conseguinte, você pode encontrar a mesma informação acessando pelo caminho que julgar mais conveniente.

Há uma infinidade de outras dimensões que podem ser utilizadas e que fornecem informações cada vez mais detalhadas e relevantes para o negócio. Além disso, esse é um dos recursos mais poderosos do Google Analytics, pois permite cruzar dados das mais variadas formas. O cruzamento de informações é sempre desafiador, pela dificuldade de se encontrar realmente o que mais importa. É justamente essa forma simplificada de cruzar dados que faz com que essa ferramenta siga tão difundida.

4.6 Criação de relatórios personalizados

Relatórios personalizados são aqueles que estão além dos padrões do Google Analytics. Neles, você pode criar uma visualização da forma que julgar mais adequada. Por exemplo, se quiser um relatório específico que mostre quantos foram os acessos por *smartphones* da Motorola provenientes da cidade de Porto Seguro, na Bahia, você deve acessar "Personalização > Relatórios personalizados > + Novo relatório personalizado" e escolher como métrica "Acessos" e os filtros "Cidade (Porto Seguro)" e "Marca do dispositivo móvel (Motorola)".

Com isso, é possível criar relatórios exclusivos, de fácil visualização, e também programar o envio para outras pessoas – inclusive de fora de sua organização.

Para programar o envio de relatórios personalizados, siga o caminho "Personalização > Relatórios personalizados > Ações > Compartilhar" e defina quem os receberá, em qual formato (PDF, Excel etc.) e com que frequência (diária, semanal, mensal, uma única vez).

4.7 Parâmetros de URL

O Google Analytics consegue identificar automaticamente o tráfego vindo da busca orgânica, do acesso direto e do Google Ads. Porém, de modo a obter um detalhamento maior em outros canais, devem ser utilizados parâmetros nas URLs. Estes nada mais são do que linhas de texto que você adiciona na URL e que, caso inseridas de forma correta, permitem rastrear anonimamente quantas pessoas clicaram naquele *link*.

A URL permanece encurtada, mas, quando se acessa o *link*, é possível verificar o caminho completo no navegador. Copiamos o link de uma notícia do jornal Gazeta do Povo, publicada no perfil do veículo no Facebook, sobre as ações que podem ser tomadas se o alarme do vizinho dispara constantemente: <http://www.gazetadopovo.com.br/curitiba/alarme-do-vizinho-disparou-como-se-livrar-do-barulho-em-curitiba-8xlyrwli9uwb3fnombnxtfpokr?utm_source=facebook&utm_medium=midia-social&utm_campaign=gazeta-do-povo&utm_content=repost-alarme-vizinho>.

Tudo o que está em negrito, logo após o símbolo de interrogação, são parâmetros que ajudam o Google Analytics a identificar as informações desse *link*, auxiliando na interpretação dos dados.

O simples ato de clicar nessa URL (encurtada ou não) transmite as seguintes informações para a ferramenta:

1. O *site* de origem (utm_source) é o "Facebook".
2. A mídia utilizada (utm_medium) é "Mídia social".
3. A campanha (utm_campaign) é "Gazeta do Povo".
4. O conteúdo compartilhado (utm_content) foi sobre "*repost* alarme vizinho".

Com isso obtém-se uma gama de informações para serem avaliadas posteriormente. Se alguém do jornal quiser verificar qual é a influência do Facebook, basta verificar os dados de origem. Caso queira saber o impacto específico dessa publicação, só precisa buscar pelos dados do "*repost* alarme vizinho".

● Estudo de caso

Uma plataforma de venda de cursos *online* alocava praticamente todo o investimento em São Paulo, visto que tinha o maior volume de contratação no país. Porém, ao analisar as taxas de venda, isto é, a relação entre o número de pessoas que acessavam o *site* e o número das que contratavam um curso, constatou-se que o Estado do Amazonas apresentava uma aderência maior. Mesmo que o volume de acessos fosse muito menor do que em São Paulo, o tráfego era muito mais qualificado e o dinheiro investido em anúncios era mais bem aproveitado. Com essa análise, passou-se a investir mais tempo e esforço nos estados do Norte.

Outro episódio semelhante corresponde ao de uma ferramenta *online* que vendia licença de *software* para todo o mundo, com foco no Estados Unidos. Contudo, notou-se que grande parte das conversões (no caso, registradas como metas no Google Analytics) provinha da África do Sul. Com essa informação, o investimento e o esforço em mídia passaram a ser mais direcionados para esse território, com personalização específica para ele, o que fez a receita da empresa aumentar.

● Síntese

As possibilidades oferecidas pelo Google Analytics são enormes, sendo possível cruzar informações de navegação. Esse conhecimento representa um grande potencial para o aperfeiçoamento de um *site*, permitindo a realização de melhorias para incrementar as vendas e a redução de gastos com mídias ineficientes. Por registrar todas as informações *online*, o Google Analytics é uma ferramenta essencial para o profissional de marketing digital, sendo provavelmente a mais popular da atualidade.

O Google Analytics também é utilizado em conjunto com outras ferramentas, como o Google Ads e o Search Console, além de registrar atividades do Facebook, do Bing e de qualquer outra mídia, desde que os *links* estejam parametrizados corretamente.

Para saber mais

GOOGLE Ajuda do Google Analytics. Disponível em: <https://support.google.com/analytics/?hl=pt-BR#topic=3544906>. Acesso em: 9 dez. 2019.

Existem diversos fóruns de discussão sobre o Google Analytics, porém os melhores profissionais chancelados pelo Google fornecem suporte na comunidade oficial da ferramenta. Comumente encontramos conteúdo de baixa qualidade ou de origem duvidosa, por isso é fundamental buscar essas referências oficiais.

Questões para revisão

1. O que é uma conversão?
2. Qual é a finalidade dos relatórios personalizados?
3. Quais são os tipos de metas do Google Analytics?
   a. Conversão, vencimento, alcance, cliques, impressões.
   b. Metas inteligentes, destino, duração, alcance, cliques.
   c. Destino, duração, páginas/telas por sessão, evento.
   d. Inscritos no canal, vídeos assistidos, visualizações, tempo assistido, curtidas.
   e. Cliques no *link*, cliques totais, cliques únicos, cliques variáveis, curtidas.
4. Existe diferença entre uma meta e uma conversão?
   a. Não, ambas indicam que o usuário completou uma ação significativa no *site* ou aplicativo.
   b. Não, ambas significam que os usuários se cadastraram para receber *e-mails* e nada mais.
   c. Sim, meta significa uma ação significativa no *site*, e conversão significa que o usuário saiu do *site*.
   d. Sim, a meta corresponde aos clientes que fecharam uma venda, e a conversão, aos que curtiram a página no Facebook.
   e. Nenhuma das alternativas anteriores.

5. O que são e para que servem parâmetros de URL?
   a. São linhas de texto adicionadas nas URLs que permitem rastrear quantas pessoas clicaram naquele *link*.
   b. São códigos de programação com o objetivo de bloquear anúncios.
   c. São linhas de texto na URL que permitem ocultar informações dos usuários.
   d. São linhas de texto na URL que permitem identificar informações sensíveis dos usuários, como o número de documentos pessoais.
   e. São formas de burlar as políticas de segurança do Google para baratear o custo do clique na busca paga.

Questões para reflexão

1. Por que o Google Analytics pode ser utilizado em praticamente todos os tipos de negócio?
2. Como dados sobre o comportamento do usuário ajudam um negócio?
3. Qual é a utilidade de rastrear a quantidade de cliques provenientes de *sites* parceiros ou de notícias?
4. Por que o Google disponibiliza o Google Analytics gratuitamente, mesmo sendo uma ferramenta tão poderosa?
5. É melhor dispor de informações complexas e completas ou dados simples e objetivos?

05 Google Ads

Conteúdos do capítulo:
- O Google Ads e suas funcionalidades.
- Leilão do Google Ads.
- Custo por clique (CPC).
- Índice de qualidade.
- *Remarketing*.

Após o estudo deste capítulo, você será capaz de:
1. definir as utilidades do Google Ads;
2. entender o funcionamento do leilão;
3. compreender o cálculo do custo por clique e da classificação de um anúncio;
4. criar uma campanha no Google Ads;
5. definir públicos-alvo;
6. elaborar ações de *remarketing*;
7. usufruir das extensões do Google Ads.

O Google Ads é a plataforma de anúncios que trabalha com *links* patrocinados no Google e em *sites* parceiros, possibilitando o patrocínio de palavras e segmentações de busca para exibir anúncios específicos. Esses *links* fazem parte da área *search engine marketing* (SEM). Os primeiros resultados do Google são sempre anúncios gerenciados por essa ferramenta. Abaixo dos resultados pagos estão os orgânicos, isto é, aqueles que não são patrocinados, mas exibidos de forma gratuita conforme os critérios do Google. É possível influenciar indiretamente a classificação de *links orgânicos* por meio de técnicas de otimização que veremos no Capítulo 6.

Os *links* patrocinados correspondem à principal fonte de receita do Google, tornando-se cada vez mais importantes para empresas que desejam anunciar seus produtos. O sistema funciona por meio de um leilão de posicionamento, ou seja, quem deseja ter sua página mais acima na busca precisa dar lances de custo por clique (CPC). Dessa forma, cada *site* oferece um valor máximo que está disposto a pagar e aquele que propõe o maior lance aparece mais ao topo entre os resultados. Os dois principais fatores que influenciam no CPC são o índice de qualidade, referente à relevância do *site* para determinada busca, e a concorrência, pois, quanto mais pessoas competem pela mesma palavra-chave, mais altos tendem a ser os lances.

5.1 Visão geral do Google Ads

Uma vez que o Google Ads se configura como uma ferramenta de auto-gestão de anúncios, você se torna o único responsável pelo sucesso ou fracasso de sua ação. Por essa razão, conhecer seu funcionamento e dominar seus recursos pode ser um diferencial para seu trabalho. Trata-se de uma ferramenta complexa, cujo gerenciamento é realizado diretamente pelo usuário, demandando conhecimento e cuidado para que o dinheiro investido não seja gasto imprudentemente.

A Google nunca garante uma posição para um anúncio (Google, 2019a), portanto não acredite em empresas e profissionais que afirmam serem capazes de garantir a primeira posição. Toda vez que alguém faz uma busca no Google, a posição dos anúncios é calculada automaticamente, ou seja, a cada busca realizada, recalcula-se a ordenação dos anúncios com base na concorrência e nos demais critérios.

Figura 5.1 – Interface do Google Ads

Figura 5.2 – Estrutura de uma conta do Google Ads

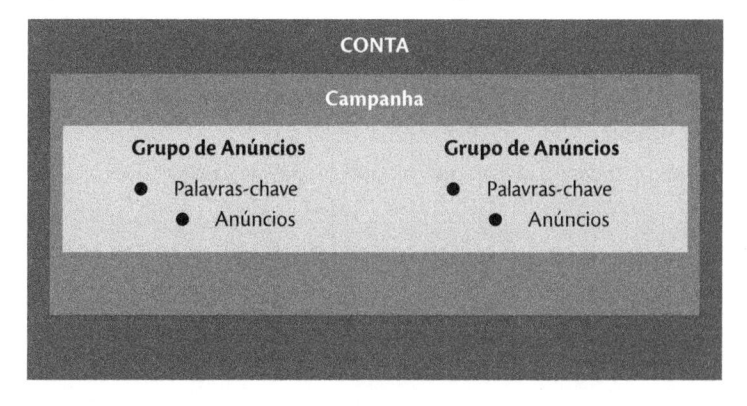

A estrutura da conta, nessa plataforma, divide-se em campanhas, que, por sua vez, organizam grupos de anúncios e palavras-chave. Essa esquematização se assemelha a uma biblioteca, na qual a conta corresponde ao prédio; as campanhas, às áreas de conhecimento (por exemplo, seção de biologia, de exatas, de direito etc.); os grupos de anúncios, às estantes; os anúncios e as palavras-chave, às capas e aos conteúdos dos livros.

5.2
O funcionamento do leilão e o índice de qualidade

Compreender o funcionamento do leilão do Google representa a primeira etapa para começar a utilizar o Google Ads. Nesse sistema, mesmo anunciantes menores conseguem aparecer no topo de uma busca. Para isso, basta que eles apresentem uma boa qualidade de *site* e de campanhas, diminuindo o valor a ser pago. Isso porque os anúncios que aparecem no topo da busca são classificados conforme o índice de qualidade e o lance máximo de CPC.

Figura 5.3 – Fórmula utilizada para classificação do anúncio

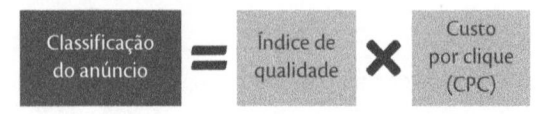

$$\text{Classificação do anúncio} = \text{Índice de qualidade} \times \text{Custo por clique (CPC)}$$

O índice de qualidade corresponde a uma escala que vai de 1 a 10. Quanto maior for seu valor, menor será o CPC e melhor será a classificação do anúncio. Para saber em qual ordem um grupo de anúncios será enquadrado, basta multiplicar seus índices de qualidade por seus custos máximos (Figura 5.3). Aquele com o maior índice de classificação resultante dessa operação aparecerá no topo da busca.

Tabela 5.1 – Exemplo da influência do índice de qualidade na posição de um anúncio

	CPC máximo	Índice de qualidade	Ad rank	Posição
Anunciante I	R$ 2,00	★★★★★ ★★★★★ 10	20	1ª
Anunciante II	R$ 4,00	☆☆☆☆☆ ☆★★★★ 4	16	2ª
Anunciante III	R$ 6,00	☆☆☆☆☆ ☆☆☆★★ 2	12	3ª
Anunciante IV	R$ 8,00	☆☆☆☆☆ ☆☆☆☆★ 1	8	4ª

Essa classificação (denominada *ad rank*, em inglês) e o índice de qualidade determinam, também, qual é o lance necessário para que um anúncio apareça numa posição melhor. O anunciante estabelece um valor máximo a ser pago por clique; embora não possa aumentar, esse valor pode diminuir, caso a concorrência não seja tão agressiva.

Figura 5.4 – Cálculo de cobrança do valor do clique

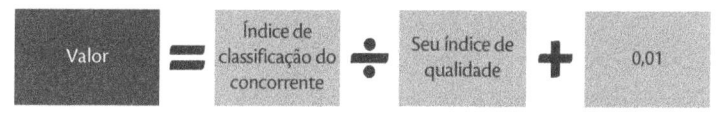

Valor = Índice de classificação do concorrente ÷ Seu índice de qualidade + 0,01

5.2.1 Valor pago no clique

Conforme a Figura 5.4, calcula-se o valor do clique dividindo o índice de classificação do concorrente por seu índice de qualidade e acrescendo 1 centavo. Dessa forma, para se posicionar no topo, você paga apenas um centavo a mais do que o lance máximo de CPC dos demais anunciantes. Isso também vale para o contrário: caso você determine um lance máximo que não seja alto o suficiente, seu concorrente aparecerá em uma posição melhor do que a sua pagando 1 centavo a mais do que seu limite; seu anúncio, por sua vez, custará 1 centavo a mais do que o lance máximo daquele que está imediatamente abaixo.

Na Tabela 5.2, observamos como o índice de qualidade e o CPC definem, também, o valor final pago por clique.

Tabela 5.2 – Exemplo do valor real cobrado em comparação com o CPC máximo estabelecido

	CPC máximo	Índice de qualidade	Ad rank	Valor pago no clique
Anunciante I	R$ 2,00	10	20	16/10 + 0,01 = 1,61
Anunciante II	R$ 4,00	4	16	12/4 + 0,01 = 3,01
Anunciante III	R$ 6,00	2	12	8/2 + 0,01 = 4,01
Anunciante IV	R$ 8,00	1	8	8,00

A fim de obter um bom índice de qualidade, você deve seguir os seguintes critérios principais:

- ter um anúncio bem relacionado com seu texto e com a página de destino;
- manter um bom histórico de taxa de cliques (CTR – *click-through rate*);
- não violar as políticas do Google.

Confira, na Figura 5.5, um exemplo de anúncio relevante, cujo texto contém a palavra-chave buscada. Acessando-se o *site*, é possível notar que os imóveis exibidos são apartamentos no perfil estabelecido.

Figura 5.5 – Exemplo de busca relacionando palavra-chave e título do anúncio

O Google Ads é uma ferramenta com critérios bem definidos, sem muito espaço para criatividade e bastante focada em parâmetros objetivos. Portanto, sempre relaciona o texto do anúncio com a palavra-chave e as páginas de destino para gerar um resultado mais bem direcionado.

Perguntas & respostas

O que é o Google Ads?

Resposta: O Google Ads, também conhecido pelo antigo nome de AdWords, é a ferramenta que permite anunciar na busca do Google e também em *sites* parceiros, como o YouTube.

Como ocorre a precificação do Google Ads?

Resposta: o Google Ads é um leilão, de forma que o *site* mais qualificado e com o lance mais alto aparece na primeira posição.

Qual é a forma de cobrança mais comum do Google Ads?

Resposta: O custo por clique (CPC) corresponde à forma mais comum de cobrança. Existem outros métodos, como o custo por visualização (CPV) atribuído para vídeos. O Google jamais faz outro tipo de cobrança que não seja baseado em algum resultado, nem estabelece preços fixos.

5.3 Palavras-chave

Quando se inserem palavras-chave, é preciso usar termos bem específicos atrelados ao negócio da empresa. Por exemplo, se sua empresa vende pães, adicione palavras sobre pão e no anúncio informe que vende pães. Quanto mais direto, melhor.

Existem três tipos de palavras-chave:

- Ampla: permite sinônimos e grandes variações da palavra-chave original. Sua criação demanda apenas que seja escrita sem qualquer tipo de sinal. Existe uma variação de palavras amplas, chamadas de +Ampla +Modificadas, que aceitam menos variações. Para criar termos desse tipo, basta acrescentar o sinal + na frente.
- "De frase": permite variações pequenas e adiciona termos antes ou depois da palavra-chave original. Para adicionar termos de frase, basta colocar as palavras entre aspas.
- [Exata]: permite variações mínimas. Palavras-chave em exata são adicionadas quando estão entre colchetes.

Podemos exemplificar essas categorias usando uma mesma palavra-chave:

- Pesquisas para aluguel de carros (ampla): aluguel de carros, alugar carros, locação de veículos, aluguel de carro barato em São Paulo, *rent a car*, *site* de aluguel de carro e imóveis, aluguel de moto etc.

- Pesquisas para "aluguel de carros" (de frase): aluguel de carros, *site* de aluguel de carros, aluguel de carros barato.
- Pesquisas para [aluguel de carros] (exata): aluguel de carros.

É possível evitar que seus anúncios apareçam quando alguém digita determinadas palavras. Para fazer essa limitação, basta procurar por "Palavras-chave negativas" na ferramenta e adicionar os termos que não têm relação com o negócio. Palavras-chave negativas apresentam os mesmos critérios de correspondência mencionados. Se, no exemplo anterior, definíssemos a exclusão dos termos *moto* e *imóvel*, teríamos:

- Pesquisas para aluguel de carros (ampla): aluguel de carros, alugar carros, locação de veículos, aluguel de carro barato em São Paulo, *rent a car*, *site* de aluguel de carro e imóveis (não exibido), aluguel de moto (não exibido) etc.

Reflita sobre quais pesquisas seu público-alvo pode realizar e produza um anúncio relevante para ele. Preze, sempre, pela objetividade e pela clareza. Quanto mais direto for seu texto, mais cliques qualificados você terá!

Outra etapa da criação de campanha corresponde às extensões de anúncios, *links* extras que os acompanham. Observe a Figura 5.6, em que cada linha em destaque é uma extensão. Esses recursos ajudam a tornar os anúncios mais atrativos. Note, aliás, que a maior parte dos resultados nas primeiras posições de uma busca os utiliza. Você pode adicionar quantas extensões de anúncio forem possíveis, mas apenas o Google vai decidir quando exibi-las e você não tem controle sobre a frequência com que aparecem.

Figura 5.6 – Exemplo de extensões de anúncios

Google e o logotipo do Google são marcas registradas da Google LLC, usado com permissão.

5.4
Criação de uma campanha

Uma campanha do Google Ads é composta por grupos de anúncios. Estes contêm as palavras-chave e os anúncios. O usuário final não sabe quais são seus grupos, porque essa informação serve apenas para a organização interna na ferramenta.

Os limites para a criação de campanhas no Google Ads são:

- 10 mil campanhas;
- 20 mil grupos de anúncios por campanha;
- 4 milhões de anúncios por grupo de anúncios;
- 5 milhões de palavras-chave por grupos de anúncios.

Para criar uma campanha, acesse <ads.google.com> e siga as etapas:

1. Clique em "Campanhas" e no símbolo "+".
2. Selecione o tipo de campanha que deseja criar.
3. Siga os passos e adicione seu *site* e seu objetivo com o anúncio.
4. Selecione o local em que os anúncios devem aparecer. É possível selecionar uma cidade inteira ou um raio dentro de um território.
5. Defina o tipo de lance que usará na campanha, isto é, como você pagará pelo leilão. Existem diferentes modalidades:

- Custo por aquisição (CPA) desejado: o valor do lance baseia-se no que mais gera conversão para seu *site*. É preciso ter o código de conversão instalado e, no mínimo, 30 conversões nos últimos 15 dias.
- Retorno sobre o gasto com anúncios (ROAS – *return on advertising spend*) desejado: o lance é baseado numa previsão do quanto você deseja como retorno. ROI e ROAS têm significados muito próximos. Por exemplo: um ROI de 3 equivale a um ROAS de 300%.
- Maximizar cliques: o valor do lance é definido de modo que seu anúncio receba um número máximo de cliques, independentemente do valor de cada um.
- Maximizar conversões: o valor do lance é definido de forma que seu anúncio obtenha um número máximo de conversões, independentemente do valor do clique.
- Definir posição na página de pesquisa: você define em qual parte da página de pesquisa deseja que seu anúncio apareça, independentemente do valor do clique.
- Parcela de superação desejada: a ferramenta automaticamente dá lances para que sua empresa apareça acima de um concorrente específico.
- CPC otimizado: valor definido com base em palavras-chave; quanto melhor o histórico de conversões, maiores os lances necessários.
- CPC manual: você define o valor máximo do lance para cada palavra-chave.

Importante!

Sempre que possível, configure uma conversão e utilize uma estratégia de lance correspondente, como "CPA desejado", "ROAS" ou "maximizar conversões", pois, dessa forma, o Google faz a gestão dos lances com foco sempre em seu objetivo.

Para configurar uma conversão, clique na aba "Ferramenta" (canto direito superior da tela) e, depois, em "Conversões". Nessa função, você pode importar uma meta do Google Analytics.

- -

6. Adicione um valor de orçamento diário, isto é, quanto você quer gastar por dia com anúncios no Google Ads.
7. Crie um grupo de anúncios, escolha quais palavras-chave quer utilizar e, em seguida, crie um anúncio.

5.5
Recursos: públicos-alvo, segmentações, *remarketing* e extensões

O *remarketing*, ou *retargeting*, corresponde à ação de reimpactar usuários que já navegaram em seu *site* anteriormente. Quando uma pessoa acessa sua página, um *cookie* – um pequeno arquivo com as informações da página visitada – é adicionado ao navegador dela. Com base em informações desse tipo, as ferramentas conseguem exibir anúncios personalizados.

Esse recurso pode ser usado tanto na rede de pesquisa – isto é, na própria busca do Google –, identificando acessos anteriores e dando lances personalizados para que os anúncios contem com uma chance maior de aparecer na primeira posição, quanto na rede de *display* – *sites* parceiros do Google –, exibindo propagandas com imagens e textos personalizados.

Nesse contexto, os usuários visados representam seus públicos-alvo. Para defini-los, acesse sua conta e, no menu lateral, procure pela seção "Públicos-alvo".

Você pode utilizar essa ferramenta para concentrar ações de reconhecimento de marca num grupo específico, com o intuito de aproveitar melhor seu investimento por meio do foco em usuários que demonstrem maior inclinação para comprar seu produto ou serviço. Um dos maiores benefícios do *remarketing* é a possibilidade de direcionar anúncios para:

- **Pessoas propensas a realizar uma compra:** os anúncios são direcionados quando os usuários estão pesquisando, acessando *sites* ou aplicativos de celular.
- **Públicos específicos:** as ações concentram-se em usuários que realizaram uma ação específica em seu *site*, como todos os que visitaram uma página, todos os que adicionaram produtos no carrinho, mas não finalizaram a compra, pessoas que clicaram num vídeo ou se cadastraram numa *newsletter* etc.
- **Alcance em grande escala:** é possível personalizar a experiência de forma massiva. Para isso, basta criar critérios para que as pessoas visualizem produtos e serviços que já pesquisaram anteriormente. Qualquer *site* parceiro do Google – como o YouTube ou páginas que utilizam serviços AdSense – pode exibir anúncios caso o público de *remarketing* visite essas páginas.
- **Preços eficientes:** campanhas de *remarketing* podem ser configuradas para CPC ou CPA, isto é, o Google define automaticamente o preço com base no valor médio das compras em seu *site*. Este recurso requer a *tag* de conversão instalada e configurada corretamente.
- **Criação de anúncios simplificada:** públicos de *remarketing* podem visualizar anúncios de vídeo, de texto ou de imagens. Os dois últimos podem ser criados por recursos nativos da ferramenta.
- **Relatórios e estatísticas:** os relatórios padrões do Google Ads incluem informações bastante completas, desde os cliques e as impressões até a cobertura da rede, ou seja, o total do inventário da rede e o percentual do público total que seus anúncios atingiram.

As formas de anunciar com *remarketing* são:

- **Padrão**: anúncios de texto ou de imagem exibidos quando usuários registrados na lista navegam em *sites* parceiros na rede de *display*.
- **Dinâmico**: anúncios com títulos e páginas de destino dinâmicos, sem a necessidade de definição manual desses campos.
- **Listas para rede de pesquisa**: anúncios direcionados para usuários que acessaram determinadas páginas de seu domínio ou realizaram alguma ação e continuam buscando no Google. Dessa forma, é possível oferecer lances maiores, a fim de fazer com que usuários recorrentes voltem ao seu *site*.
- **Vídeo**: anúncios exibidos em vídeos do YouTube, *sites* ou aplicativos para celular.
- **Lista de clientes**: anúncios direcionados a clientes específicos de uma lista de *e-mails*. Nesse formato, é preciso realizar um *upload* dos endereços, para que a ferramenta busque esses usuários na rede. Os dados são criptografados e, depois que o Google Ads analisa, excluídos. Desse modo, asseguram-se a confidencialidade e o não armazenamento dessas informações privadas.

Outro recurso muito útil corresponde às extensões de anúncio, responsáveis por exibir informações adicionais para o usuário. As extensões também funcionam de diversas maneiras, dividindo-se em:

- **Extensões de local**: permitem adicionar um endereço ao anúncio; assim, quando o usuário o visualiza, existe a possibilidade de mostrar um pequeno mapa com a localização inserida. Funciona apenas para pontos cuja propriedade pertença ao próprio anunciante, não sendo possível anunciar a localização de terceiros, já que é necessária uma verificação.
- **Extensões de local de afiliados**: caso a empresa possua vários locais ou lojas individuais de varejo, não necessariamente

propriedades do anunciante, essas extensões possibilitam exibir a mais próxima do usuário.

- **Extensões de frase de destaque**: correspondem a uma linha adicional no anúncio, um texto fixo com uma informação complementar.
- **Extensões de chamada**: permitem inserir o telefone da loja. Caso o usuário visualize o anúncio através de um celular, ele pode realizar uma chamada clicando diretamente sobre o número.
- **Extensões de mensagem**: operam enviando mensagens de texto para os usuários. Não se tratava de um recurso liberado em todos os países, sendo encerrado em janeiro de 2020. Vários recursos podem ser testados e descontinuados ao longo do ano, por isso é sempre importante ficar atento às novidades.
- **Extensões de *sitelinks***: representam o modelo mais comum, permitem adicionar *links* extras no anúncio, conduzindo o usuário para outras páginas relevantes e aumentando a possibilidade de que ele encontre a informação que deseja.
- **Extensões de *snippets* estruturados**: inserem campos extras no anúncio com informações específicas, como uma lista de marcas, de tipos de produtos, de serviços, entre diversos outros recursos.
- **Extensões de preço**: possibilitam listar produtos e preços específicos, bem como promoções e descontos.
- **Extensões de aplicativo**: possibilitam adicionar um *link* direto para fazer o *download* de um aplicativo para Android ou iOS. Portanto, funcionam apenas para anúncios *mobile*.

Também existem extensões automáticas, nas quais o gerente da conta do Ads não pode interferir, mas que são exibidas nos relatórios. Geralmente, essas extensões também são utilizadas na busca orgânica, como a quantidade de estrelas de um *site* de acordo com a avaliação dos usuários.

Perguntas & respostas

O que é *remarketing*?

Resposta: O *remarketing*, ou *retargeting*, corresponde ao recurso que permite criar anúncios diferenciados para pessoas que já acessaram seu *site* anteriormente. Também é possível dar lances diferentes para o leilão de forma a se tornar mais competitivo na classificação de anúncios.

Como o índice de qualidade influencia o preço do clique?

Resposta: Quanto maior for o índice de qualidade, menor será o preço do clique. Esse índice segue uma escala de 1 a 10 gerada automaticamente pelo Google com base nas palavras-chave, nos textos e no histórico dos anúncios, além das páginas de destino.

Estudo de caso

O Google Ads é uma ferramenta necessária para a maioria dos negócios. Isso porque, sendo o Google o maior *site* do mundo, ele permite encontrar e alcançar uma imensa quantidade de usuários em contextos de busca ativa. Desde grandes conglomerados empresariais até microempresas podem concorrer igualmente no mesmo espaço, de modo a alcançar novos consumidores.

Um caso exemplar é o de um *site* de assinaturas de livros em que o cliente recebe em casa uma obra diferente todos os meses. Assim que a empresa foi criada, o investimento com anúncios era limitado a R$ 500,00, sendo focado no Google Ads. A quantidade de assinaturas triplicou e também permitiu que o serviço se tornasse mais conhecido em um nicho. Se comparada ao custo de outras mídias tradicionais, como o *outdoor*, o rádio ou a TV, essa quantia corresponde a um investimento baixíssimo para atingir um público extremamente qualificado e interessado no assunto.

Síntese

O Google Ads é a mais importante ferramenta de anúncios do Google e, geralmente, a principal mídia mobilizada em campanhas de marketing digital, atingindo um alto nível de eficiência no tangente tanto ao volume de público quanto aos resultados obtidos. Existem exceções, obviamente, porém, como a quantidade de buscas no Google é muito grande, seus números tornam-se bem expressivos, sendo necessário um gerenciamento atencioso e cuidadoso.

A diferença entre a busca paga e a orgânica está no fato de que os *links* patrocinados dependem de investimentos e representam regras mais flexíveis, isto é, mesmo que a estrutura da página e dos anúncios não esteja perfeitamente de acordo com as diretrizes do Google, ainda é possível aparecer na primeira posição pagando-se o preço adequado do clique. Já na orgânica, os primeiros resultados correspondem, necessariamente, aos requisitos de qualidade do Google.

A ferramenta conta com uma enorme quantidade de recursos que podem ser explorados e não se esgotam na introdução feita aqui. Além disso, integrando-se essa ferramenta com o Google Analytics e fazendo-se uma análise coesa do investimento e dos resultados, é possível obter um acréscimo expressivo na receita.

Para saber mais

GOOGLE. Ajuda do Google Ads. Disponível em: <https://support.google.com/google-ads/?hl=pt-BR#topic=7456157>. Acesso em: 9 dez. 2019a.

O fórum oficial do Google Ads no Brasil é uma boa fonte de informações para o uso da plataforma. Busque sempre fontes confiáveis e atribuídas diretamente ao Google, pois existem vários artigos e autores que prescrevem métodos falaciosos sem qualquer base técnica. O mais importante é confiar nas informações oficiais e evitar conteúdo de "gurus" e outras pessoas que prometem ganhos rápidos e fáceis.

Questões para revisão

1. O que é o Google Ads?
2. Como um pequeno negócio local consegue concorrer com uma grande empresa de nível nacional no Google Ads?
3. Quais são os tipos de correspondência de palavras-chave na busca do Google Ads?
    a. Ampla, de frase e exata.
    b. De frase, de texto e de pontuação.
    c. Ampla e específica.
    d. Exata, exata modificada e genérica.
    e. Genérica, de frase e exata.

4. O que são extensões de anúncio e para que servem?
   a. São recursos exclusivos de quem paga a mais por anúncios; apenas grandes empresas são habilitadas para divulgarem extensões de anúncios.
   b. São recursos temporários que depois de 60 dias são removidos da conta.
   c. São *links* extras para o *site* do anunciante ou para outros canais de comunicação, como telefone e mapa de localização.
   d. São responsáveis pela definição da correspondência de palavras-chave e determinam quantas vezes o anúncio aparece.
   e. São *links* extra para o *site*, pagos separadamente, que permitem exibir anúncios também no Facebook.
5. Como é organizada uma conta do Google Ads?
   a. Campanhas organizam grupos de anúncios, e grupos de anúncios organizam anúncios e palavras-chave.
   b. Campanhas organizam palavras-chave, e grupos de anúncios organizam anúncios.
   c. Grupos de anúncios organizam palavras-chave e campanhas.
   d. Campanhas organizam grupos de anúncios, e grupos de anúncios organizam apenas palavras-chave.
   e. Anúncios organizam palavras-chave, e campanhas organizam configurações.

Questões para reflexão

1. Se existem resultados gratuitos, por que vale a pena pagar por *links* patrocinados?
2. Como os anúncios ajudam a divulgar um negócio com base em interesses dos usuários?
3. Qual é a vantagem de uma grande empresa aumentar o investimento em Google Ads se ela compete com pequenos negócios locais?

4. Quais cuidados uma pequena empresa precisa ter ao anunciar no Google Ads para não desperdiçar dinheiro?
5. Se o Google é um leilão em que o ganhador assume posições melhores no resultado de busca, para que serve o índice de qualidade?

06 Otimização dos motores de busca (SEO) e ferramentas úteis

● Conteúdos do capítulo:
- Otimização dos motores de busca (*search engine optimization* – SEO).
- Buscas orgânicas.
- Fatores de sucesso *on page* e *off page*.
- *Black hat*.
- O funcionamento do Google Tag Manager (Gerenciador de Tags do Google).
- Utilidades do Google Optimize.

● Após o estudo deste capítulo, você será capaz de:
1. verificar a classificação de uma página na busca orgânica;
2. melhorar a classificação de um *site* nas buscas, por meio das técnica de SEO;
3. evitar as práticas de *black hat*, que violam as normas dos mecanismos de busca;
4. gerenciar *tags* pelo Google Tag Manager;
5. realizar testes A/B, multivariáveis e de redirecionamento com o Google Tag Manager.

A busca do Google divide-se entre paga e orgânica, de forma que a primeira é gerenciada pelo Google Ads, gerando resultados imediatos. Já a segunda é gratuita, porém com menor controle e velocidade.

6.1 Visão geral sobre o SEO

Os mecanismos de busca separam as pesquisas em *search engine marketing* (SEM), ou marketing dos motores de busca, e *search engine optimization* (SEO), ou otimização dos motores de busca. Os *links* patrocinados ou anúncios pagos fazem parte do primeiro grupo, assim como o Google Ads. Já o segundo representa uma forma gratuita de aparecer na busca, baseada na relevância do *site*.

Figura 6.1 – Identificação de anúncios (SEM) e resultados orgânicos (SEO)

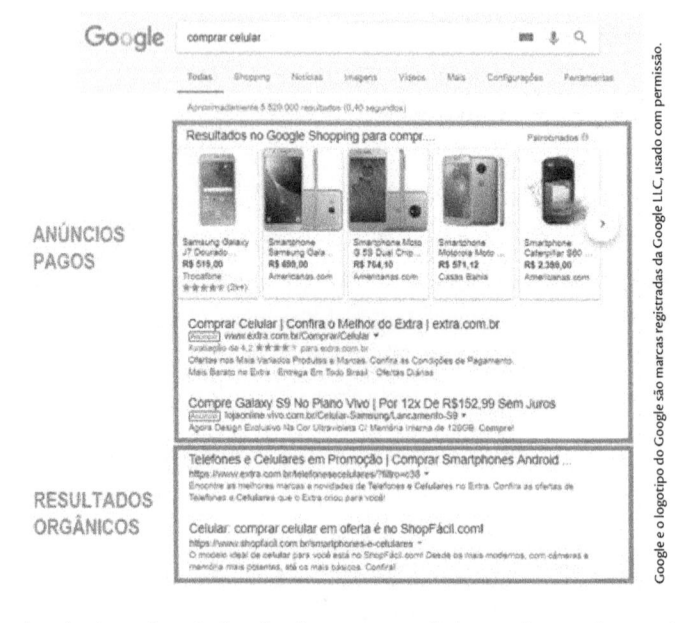

ANÚNCIOS PAGOS

RESULTADOS ORGÂNICOS

Google e o logotipo do Google são marcas registradas da Google LLC, usado com permissão.

As técnicas de otimização dos motores de busca foram desenvolvidas inicialmente pelo Google e, visto que a empresa é estadunidense, muitos de seus termos são em inglês. Além disso, vários destes estão atrelados à linguagem de programação, que também utiliza tal idioma como base. É o caso, por exemplo, de *tags* – as linhas de código para categorizar e definir alguns parâmetros específicos – ou, ainda, de *title tags* – as linhas de código para que os mecanismos de busca façam uma leitura melhor e que não podem ser confundidas com as *heading tags*, utilizadas nos títulos dos textos. Se traduzido, esse léxico pode fornecer uma noção limitada ou equivocada; portanto, solicito que você, leitor, redobre a atenção quando se deparar com esses termos.

Neste capítulo, abordaremos as técnicas de SEO de maior afinidade com o profissional de marketing. Por mais que, eventualmente, sejam pontuados alguns itens técnicos que dependem de conhecimento de HTML – *snippets* estruturados, *metatags* etc. –, eles não serão aprofundados. Nesse sentido, nosso foco será a aplicação prática do conteúdo e do conhecimento da área. Esse método de realizar otimizações num *site* denomina-se *on-site SEO*.

Você não tem controle sobre quando nem em qual posição sua página vai aparecer, tudo o que pode fazer é incentivar que os mecanismos de busca a verifiquem. O trabalho de SEO resume-se em ajudar nesse processo. Basicamente, o Google acessa seu *site*, lê o conteúdo e o cataloga. Assim, cada vez que um usuário faz uma busca, a ferramenta analisa se seu material é relevante ou não para aquela situação.

Apenas um fator de classificação não garante o sucesso. Ter um excelente título não salva um conteúdo pobre. Ter muitos *links* não ajuda se forem de *sites* com baixa relevância em relação ao assunto em questão, isto é, um *site* precisa ter relação com o tema ao qual está vinculado. Por exemplo, se um *site* especializado em vinhos adicionar um *link* para outro *site* que trata de vinhos, a relevância será alta. Porém, se o mesmo *site* de vinhos coloca um *link* para uma página sobre tratamento de esgoto, a relevância será baixa. Inclusive, situações como essa podem provocar a penalização da página.

6.1.1 Fatores de sucesso na página (on page)

Os fatores de classificação na página compreendem aqueles que estão sob o controle do responsável pela publicação: o tipo de conteúdo que publica, a forma como o apresenta, a formatação e a arquitetura do *site*.

6.1.2 Fatores de sucesso fora da página (off page)

Os fatores de fora da página são aqueles que o responsável pela publicação não controla diretamente. Os mecanismos de busca utilizam esses critérios porque, como nem sempre confiar em quem faz a publicação traz os melhores resultados, é preferível considerar o compartilhamento de informações pelos próprios usuários. Com bilhões de usuários pesquisando todos os dias, faz-se necessário que muitos sinais indiquem facilmente a qualidade de uma página.

Figura 6.2 – *On page* e *off page* SEO

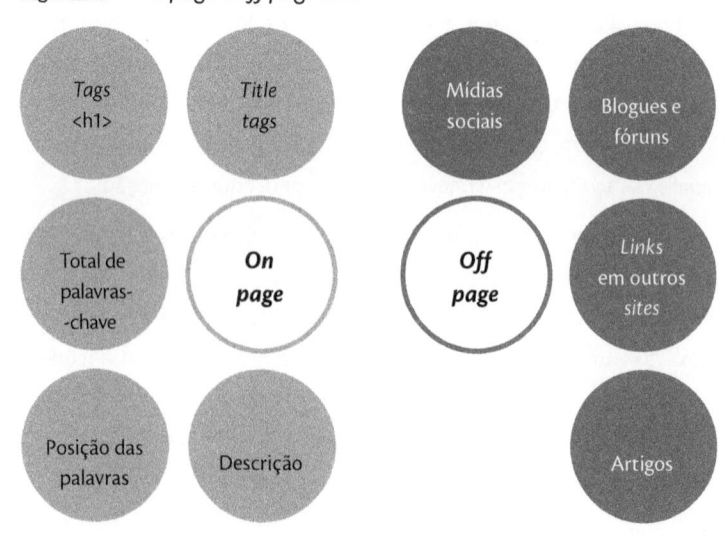

On page: Tags <h1>, Title tags, Total de palavras-chave, Posição das palavras, Descrição

Off page: Mídias sociais, Blogues e fóruns, Links em outros sites, Artigos

Na Figura 6.2 estão listados alguns itens – explorados nas seções seguintes – na página (*on page*), que fazem parte da construção do texto, e fora da página (*off page*), que envolvem a divulgação do conteúdo em outros *sites*, blogues, artigos etc.

6.1.3 Violações e penalidades

Existem muitas técnicas que beneficiam as páginas, porém algumas prejudicam o usuário com o único objetivo de tentar melhorar o posicionamento em detrimento da utilidade. É o caso, por exemplo, da prática de se colocar um *link* camuflado no meio do texto ou entre imagens para forçar o usuário a clicar por engano; há também o caso em que se inserem várias palavras repetidas e sem conexão com o texto simplesmente para aumentar o volume de palavras.

Essas violações da política podem resultar, a depender de sua gravidade, em perdas menores, como a piora no posicionamento e a exibição do *link* do *site* em lugares menos favorecidos ou em punições mais severas, como o banimento do *site* da busca permanentemente.

6.2 Itens que influenciam no SEO

Existem vários itens que, se aplicados a um *site*, auxiliam na indexação no Google. Eles dificilmente mudam de forma radical, mas a relevância de cada um para a pesquisa pode ser alterada com frequência, por isso recomendamos sempre ficar atento às mudanças realizadas nos mecanismos de busca.

Alguns itens que podem auxiliá-lo num bom resultado de SEO são:

- Palavra-chave no título: é importante utilizar a principal palavra-chave do texto em seu título.
- Palavra-chave na descrição: é indicado utilizar a palavra-chave mais importante na descrição da página, que corresponde à forma de exibição de um texto na busca.

- Repetir a palavra-chave no texto: a mesma palavra-chave deve ser empregada de forma coerente ao longo do texto.
- Quantidade de palavras do texto: dificilmente textos muito curtos são bem considerados pelos mecanismos de busca.
- URL amigável: trata-se de ter uma URL que seja possível de um ser humano ler e compreender.
- Palavra-chave na URL: a principal palavra-chave deve ser utilizada na URL.
- Atualização frequente de conteúdo: quanto mais textos forem adicionados ao *site*, maior será a frequência de acessos por mecanismos de busca.
- Mapa do *site* (*sitemap*): é um mapa do *site*, que ajuda os mecanismos de busca a encontrar todas as páginas. Basicamente, constitui-se numa página com todos os *links*, organizados de forma lógica, para as demais.
- *Site* responsivo para celular: é importante apresentar uma versão do *site* funcional em *mobile*. Isso porque os acessos por celular estão crescendo cada vez mais. Na maioria dos segmentos, as visitas por *smartphones* já representam um número maior do que o realizado por todos os demais dispositivos.
- Integração com o Google Search Console (antigo Webmaster Tools): é indicado atrelar o *site* à ferramenta de análise de SEO do Google.
- Relevância dos *links* que redirecionam para o *site*: quanto mais *sites* com autoridade tiverem *links* para a página, maior será sua relevância.
- *Breadcrumbs* ("caminho de pão", em tradução livre): correspondem a *links* que facilitam a navegação do usuário.
- Histórico do domínio: se o domínio foi banido em algum momento, sua relevância pode prejudicar a classificação na busca.

- **Organização do Código – CSS e JS externos:** os códigos devem estar bem organizados e em posicionamento correto.
- **Otimização de imagens:** devem ser aplicadas técnicas para dar nome aos arquivos de imagem, *alt tags* (descrição da imagem) e contextualização que sejam mais fáceis para o entendimento do usuário.
- **Links para outros sites (outbound links):** é importante haver *links* no *site* que direcionem para outros que também tenham relevância.
- **Conteúdo original:** utilizar textos de outros *sites* prejudica a classificação.
- **Title tags e meta description:** correspondem a linhas de código que o *webdesigner* insere no *site* e que os mecanismos de busca utilizam na hora de classificá-lo. Com elas, os mecanismos de buscas são informados das palavras-chave mais relevantes para a página.

Perguntas & respostas

O que é SEO?

Resposta: É a sigla para *search engine optimization*, ou otimização dos motores de busca. Trata-se de um conjunto de técnicas para que determinado *site* seja bem posicionado na busca do Google.

O que significam *on page* (na página) e *off page* (fora da página) para o SEO?

Resposta: As otimizações na página (*on page*) são técnicas aplicadas dentro do *site*, como a produção de um texto bem formatado e o uso de *heading tags*, ou *tags* de título, entre outras. Já os recursos de fora da página (*off page*) são externos, como o compartilhamento de *links* que permitem ao Google encontrar o *site* e também melhorar seu posicionamento orgânico.

6.3
Criação de conteúdo para SEO

O SEO foca sempre o conteúdo. Todas as métricas, as técnicas e as alterações realizadas pelos mecanismos de busca visam aproximar um texto útil à pessoa interessada em determinado assunto. O primeiro, e mais essencial, item para desenvolver um bom SEO é elaborar um material original e relevante sobre determinado tema. Nesse caso, segue-se a lógica de que, quanto maior for a utilidade de um conteúdo para o leitor, mais ele vai compartilhá-lo e mais pessoas serão beneficiadas.

Segundo Fishkin (2017), nove etapas devem ser consideradas durante a estruturação do SEO de uma página:

1. Criar URLs acessíveis, evitando-se erros e bloqueios dos rastreadores. Alguns comandos de programação podem restringir a leitura da página pelos mecanismos de buscas, como a *tag "norobots"*.
2. Pesquisar as palavras-chave mais buscadas, a fim de criar textos direcionados. A busca orgânica nada mais é do que a exibição de textos relacionados às palavras pesquisadas, por isso é tão importante usar termos assertivos.
3. Investigar o que os mecanismos de busca consideram mais importante, pois *sites* como Google, Bing e Yandex podem valorizar itens diferentes na hora de exibir resultados de busca, além de, eventualmente, mudar a importância de alguns.
4. Criar textos para a busca orgânica que sejam úteis e relevantes para o leitor. Quanto maiores forem sua autoridade no conteúdo, isto é, quanto maiores forem sua utilidade e sua originalidade, melhor.
5. Utilizar *title tags* e *meta description*, pequenas linhas de código que ajudam os mecanismos de busca a classificar o *site*.
6. Usar de forma inteligente palavras-chave relacionadas, pois os mecanismos consideram sinônimos como critério de classificação.

7. Organizar a página de forma lógica para a leitura e utilizar recursos visualmente positivos e úteis para o usuário.
8. Fazer a página carregar rápido! Reduzir o tamanho das imagens. Existem *sites* que tornam as imagens mais leves, sem forçar tanto o carregamento.
9. Descobrir quem compartilha o conteúdo e por que razão. Isso ajuda na elaboração de textos sempre melhores.

6.4 Dicas para escrever um texto para SEO

Nunca copie textos de outros *sites*, porque o Google identifica quem foi o primeiro a escrever e o classifica melhor. Qualquer conteúdo duplicado conta como benefício para o criador original.

Geralmente, um texto bem cotado pelos mecanismos de busca tem aproximadamente 500 palavras de extensão, podendo ser sempre maior, desde que realmente relevante.

Uma boa prática para escrever um bom conteúdo de SEO é definir uma palavra-chave principal e utilizá-la de forma coerente e com uma repetição natural, bem como aproveitar seus sinônimos e variantes. Por exemplo, para a palavra-chave "comprar celular Samsung" o ideal é usar termos como:

- "comprar celular Samsung";
- "comprar smartphone Samsung";
- "adquirir celular Samsung";
- "celular Samsung";
- "smartphone Samsung";
- comprar Samsung.

Destacar em negrito a palavra mais importante também representa um diferencial, porém com um impacto bem pequeno. Assim, use poucas vezes esse recurso, apenas para destacar algo que realmente valha a pena.

O termo principal deve ser empregada no título e no início do texto, como pontuamos anteriormente. As *tags* de título (*heading tags*) são pequenos trechos de código adicionados ao HTML do *site*. Existem níveis de importância. Por exemplo:

- <h1> mais importante;
- <h2> segunda mais importante;
- <h3> terceira mais importante;
- <h4> quarta mais importante;
- <h5> quinta mais importante;
- <h6> sexta mais importante.

No caso de *sites* que oferecem uma estrutura pronta, os campos de título já são definidos de antemão, de forma que você só precisa organizar o texto.

6.5
Black hat e práticas abusivas

Black hat, que significa "chapéu preto", é o termo utilizado para designar tentativas de enganar os mecanismos de busca com práticas proibidas. As técnicas de otimização visam à identificação de textos úteis para os leitores, de modo que possam encontrar conteúdos relevantes e originais. Quando se tenta burlar esses sistemas, não são apenas as ferramentas que são enganadas – os usuários finais também o são.

Sabemos que a repetição das palavras-chave no texto auxilia na boa classificação de uma página. Contudo, alguns *sites* as repetem insistentemente e fora de contexto para tentar forçar a melhora de seu posicionamento. Alguns colocam, ainda, a cor do texto como a mesma do fundo – por exemplo, texto branco num fundo branco – de forma a esconder do usuário essas palavras repetidas e fora de contexto, mas que os rastreadores conseguem identificar. Atualmente, os mecanismos de busca já reconhecem isso automaticamente e punem na hora o *site* que utiliza esse recurso.

Outra prática abusiva é fazer comentários *spam* em outros *sites* com *links* para a própria página, isto é, quando uma pessoa copia e cola exatamente a mesma mensagem em vários locais diferentes para tentar divulgar o próprio endereço. As ferramentas de pesquisa também já identificam esse comportamento, punindo os infratores.

Além dessas, existe a prática de usar iscas de clique, que consistem na divulgação de títulos que não estão relacionados com o conteúdo do texto. Por exemplo, utiliza-se um título como "Você não vai acreditar nisso! Clique e veja!", mas, quando o usuário clica, ele é conduzido para um *site* sobre ganhar dinheiro fácil. Nesse caso, o título não tem nenhuma relação com o texto, tendo o único objetivo de ganhar o acesso da pessoa, mesmo que esta não esteja interessada no assunto da página. Títulos com notícias falsas anunciando a morte de uma pessoa famosa (por exemplo, "Ator que faz Thor morre!") também são bastante comuns.

Evite essas práticas para não receber punições. Também se deve tomar cuidado para não utilizar algum desses recursos por acidente; é importante conhecer o que não se pode fazer, justamente para conseguir se concentrar corretamente no que mais importa.

Invista sempre na criação de conteúdos originais e úteis para o leitor. Desse modo, o resultado positivo vem naturalmente, sem sequer gerar preocupações com as restrições dos mecanismos de busca.

🔵 Perguntas & respostas

Como podemos verificar a classificação de uma página na busca orgânica?

Resposta: O google disponibiliza o Search Console para verificar o posicionamento, as principais palavras relacionadas a *site* e as buscas mais comuns. Trata-se de uma ferramenta gratuita.

O que é *black hat*?

Resposta: Traduzido como "chapéu preto", corresponde a práticas ilegais que visam burlar os mecanismos de busca e são punidas com severidade quando identificadas.

• •

🔵 Estudo de caso

Como a busca orgânica é gratuita e só depende da produção e da divulgação do conteúdo, muitas empresas se esforçam para garantir um bom posicionamento. Mesmo que nessas situações os *links* fiquem abaixo dos pagos, eles ainda são bem relevantes e recebem um volume considerável de acessos – geralmente representam a terceira maior fonte de tráfego.

Um *site* de receitas de bolo regional não tinha dinheiro para investir, porque era especializado em *cheesecake* com um custo baixo de produção e venda. Assim, em dado momento, começou a publicar um texto semanalmente com receitas, dicas e fotos de bolos também nas redes sociais. Em aproximadamente três semanas, a página estava nos primeiros resultados da busca orgânica para a região em que atendia. O desenvolvimento, nessa situação, é mais lento e bastante dependente do conteúdo e da frequência das atualizações, porém não demanda investimentos financeiros diretos.

• •

6.6 Ferramentas para o dia a dia

Além das ferramentas de publicidade que abordamos anteriormente, como o Google Analytics e o Google Ads, alguns outros recursos são muito úteis para o dia a dia da profissão. Aqui vamos destacar alguns recursos não essenciais, mas que são muito úteis na hora de embasar uma ação ou simplesmente gerenciar o *site* durante o dia a dia. Nenhuma delas é vital para o sucesso profissional, mas elas com certeza facilitam a vida de quem as usa.

6.6.1 Gerenciamento das *tags* em um *site*

Tags são linhas de código HTML adicionadas a um *site* que permitem realizar várias ações, como rastrear o usuário, enviar ou receber informações e personalizar alguns elementos da página. Diversos veículos de mídia pedem o uso de uma *tag* para rastrear algumas etapas de sucesso ou conversão, porém pode ser muito trabalhoso ter de solicitar sempre à equipe de TI que realize esses ajustes. Por essa razão, um gerenciador de *tags* é de grande utilidade. Nesse sentido, destaca-se o Google Tag Manager, ou Gerenciador de Tags do Google.

Normalmente, um programador precisa entrar no código do *site* e adicionar as *tags*, o que pode exigir muito trabalho, além de "sujar" o código com linhas que não têm mais utilidades. Para realizar uma limpeza, também é necessário abrir o código e remover as informações antigas manualmente. O Google Tag Manager facilita essa gestão, sendo preciso adicionar apenas sua linha de código. Feito isso, no painel do aplicativo, basta adicionar e excluir outras, sem depender do programador. Essa ferramenta facilita bastante a vida de quem trabalha com muitas mídias e também desafoga o trabalho da equipe de tecnologia.

O Google Tag Manager tem um funcionamento simples: adiciona a *tag* e define em que página ela será acionada no *site*.

Definir o ponto de ação é crucial para a *performance* adequada desses recursos. Por exemplo, as *tags* de conversão normalmente precisam ser inseridas apenas após a conclusão de uma compra, de forma a garantir que de fato foi realizada. Adicioná-las em outras páginas prejudica a análise final. Já a *tag* do Google Analytics é uma das poucas que precisam ser adicionadas em todas as páginas.

Para melhor ilustrar o funcionamento da ferramenta, realizaremos uma simulação do processo para adicionar uma *tag* do Google Analytics.

Figura 6.3 – *Tags* pré-definidas do Google Tag Manager

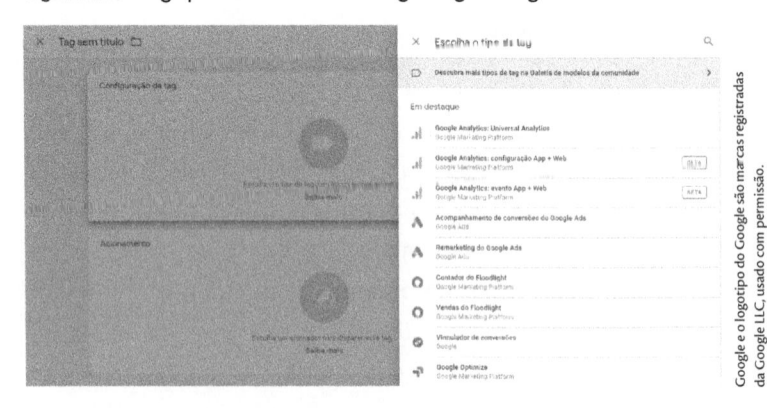

1. Primeiro, é necessário inserir a *tag* do Gerenciador de Tags em seu *site*.
2. No aplicativo, clique em "Nova".
3. Da lista predefinida (Figura 6.3), escolha "Universal Analytics".
4. Clique em "Nova variável" e insira seu ID do Google Analytics no campo adequado (essa informação está em "Administrador > Configuração da propriedade" e segue o padrão "UA-00000000-0").
5. Adicione o "adicionador", isto é, o local em que essa *tag* será ativada. Nesse caso, você seleciona All Pages (todas as páginas).

6.6.2 Google Optimize

O Google Optimize é uma ferramenta gratuita que permite realizar alguns testes no *site*. Existe, ainda, uma versão paga caso você queira executar simultaneamente várias tarefas. Alguns dos recursos disponíveis são:

- Teste A/B: você cria pequenas variações na sua página, como mudar a cor de um botão, alterar um texto ou remover uma imagem, e coloca as diferentes versões para os usuários visualizarem. É possível definir quantos usuários acessarão cada versão, por exemplo, configurando-se para que metade veja a versão original e a outra metade, a variação. Depois de um período, a ferramenta informa qual das duas é a melhor com base em um objetivo previamente definido.
- Teste multivariáveis: você faz várias alterações e a ferramenta busca entender o melhor retorno. Em vez de apenas mudar a cor do botão ou o título, é possível fazer várias alterações de uma só vez, e a própria ferramenta realiza a verificação de todos os elementos alterados.
- Teste de redirecionamento: avalia duas páginas com a mesma função, indicando qual é a melhor.

Figura 6.4 – Testes possíveis no Google Optimize

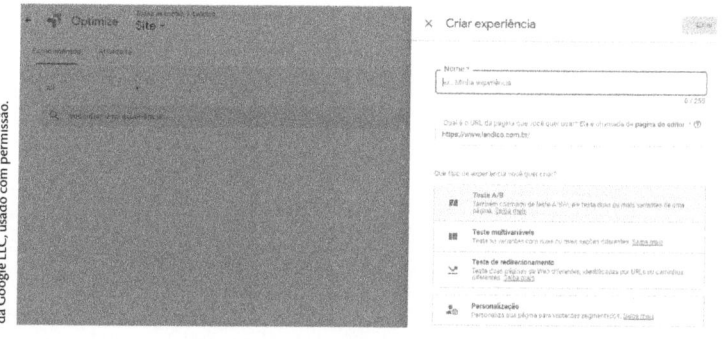

Testar em seu *site* influencia em sua melhora e, consequentemente, em sua taxa de conversão. Quanto maior essa taxa for, mais vendas você terá. Por essa razão, realizar testes e melhorias constantes é essencial para o sucesso de seu negócio.

Perguntas & respostas

O que são testes A/B?

Resposta: Testes A/B são recursos em que se criam duas versões quase idênticas de uma tela, de um texto, de um botão, com uma única variação de forma. Dividindo o tráfego para o mesmo público, eles indicam, em seu resultado, qual é a alteração com o melhor desempenho de acordo com um objetivo estabelecido.

O que é uma *tag*?

Resposta: Uma *tag* é uma linha de código que serve para rastrear ou alterar uma informação, podendo ser utilizada para contabilizar conversões ou personalizar recursos em uma página.

Estudo de caso

Um comércio eletrônico de roupas tinha o botão principal de compra na cor preta, mantendo a identidade da marca. Porém, esse botão era muito discreto e não chamava suficientemente a atenção do usuário. Realizou-se, então, um teste A/B de cor do botão, utilizando as cores azul, verde e rosa, a fim de observar quais delas apresentavam mais chances de serem clicadas. Veja a seguir como o teste foi estruturado, havendo alteração de 33 botões para a cor desejada.

Figura 6.5 – Teste de cor de botão

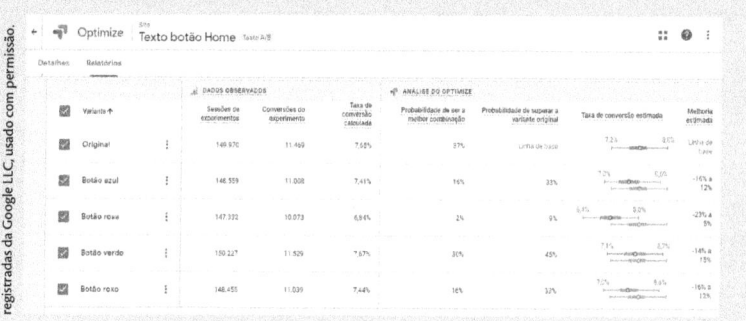

Google e o logotipo do Google são marcas registradas da Google LLC, usado com permissão.

Podemos notar, na Figura 6.5, que se fez uma divisão igualitária entre os usuários, isto é, cada botão de uma cor específica era visto por 25% dos usuários.

O resultado final desse teste atingiu 228.000 usuários e, no fim, o botão verde teve mais cliques que os demais. Dessa forma, a empresa mudou parte da identidade visual do *site* para atender a essa melhoria.

Síntese

O SEM e o SEO são as duas principais estratégias voltadas ao usuário final, pois compreendem o conteúdo textual e os anúncios utilizados em toda a rede. Uma página com conteúdo útil, original e relevante conquista um tráfego qualificado, para o qual é possível divulgar anúncios. Assim, as duas estratégias interagem entre si. É possível fazer otimizações de estrutura do texto direto na página (*on page*) e também divulgar seu *link* em *sites* relevantes que tratam do mesmo assunto (*off page*). Fundamentalmente, deve-se tomar cuidado para não praticar atos ilegais que visem confundir o usuário e levá-lo a fazer cliques sem a intenção. Também não se devem utilizar recursos que sejam úteis apenas para tentar enganar os mecanismos de busca. Essas técnicas são denominadas *black hat*. As atualizações são frequentes, então convém procurar cada vez mais informações, de modo a se manter sempre no topo.

Lembre-se de que as ferramentas são apenas meios para chegar a determinados fins, por isso tenha um objetivo claro antes de utilizá-las. Um martelo não serve apenas para martelar, mas para auxiliar na construção de algo. Da mesma forma, uma ferramenta de marketing digital não serve apenas para ajudar na gestão de alguma campanha, mas para auxiliar no alcance de uma meta maior capaz de gerar receita positiva para a empresa. Colocando o foco nos resultados, os recursos utilizados vão apenas acompanhar seu ritmo de trabalho e sua determinação.

Para saber mais

GOOGLE. Ajuda do Search Console. Disponível em: <https://support.google.com/webmasters/?hl=pt-BR#topic=3309469>. Acesso em: 9 dez. 2019.

> O Google Search Console (antigo Webmaster Tools) centraliza as informações de SEO, e os fóruns de ajuda oficiais do Google fornecem informações valiosas para se trabalhar.

PATEL, N. Teste A/B: O que é, como funciona e as melhores ferramentas. Disponível em: <https://neilpatel.com/br/blog/como-fazer-teste-ab-rapidamente-e-aumentar-a-taxa-de-conversao/>. Acesso em: 12 fev. 2020.

> Para cada ferramenta é necessário buscar informações específicas, pois os recursos variam de acordo com a versão e com a necessidade de utilização. Para entender mais sobre o teste A/B, essa postagem no *blog* de Neil Patel é muito útil.

Questões para revisão

1. O que são otimizações *on page* e *off page*?
2. O algoritmo do Google sempre busca valorizar o melhor conteúdo para o usuário. Então, por que algumas pessoas insistem em utilizar técnicas de *black hat* que prejudiquem a experiência dos usuários?
3. Assinale a alternativa que indica corretamente alguns tipos de otimização *on page* e *off page*:
    a. *On page*: *title tags*, total de palavras-chave, posição das palavras, descrição. *Off page*: mídias sociais, blogues e fóruns, *links* em outros *sites*, artigos.
    b. *On page*: e-mails, *newsletter*, RSS. *Off page*: *outdoor*, revistas, rádio.
    c. *On page*: *title tags*, *linkbuilding*, *page speed*. *Off page*: mídias sociais, *blogs* e fóruns, *links* em outros *sites*, artigos.
    d. *On page*: mídias sociais, blogues e fóruns, *links* em outros *sites*, artigos. *Off page*: *title tags*, total de palavras-chave, posição das palavras, descrição.
    e. *On page*: *title tags*, total de palavras-chave, posição das palavras, descrição. *Off page*: *outdoor*, revistas, rádio.
4. É importante ter páginas espalhadas na internet com *links* para um *site*. Em quais casos ele se beneficia na busca orgânica?
    a. Quando muitos *sites* com autoridade têm *links* para a página.
    b. Quando muitos *sites*, mesmo que sem relevância, têm um *link* para a página.
    c. Quando existem poucos *sites* de maior autoridade, pois dessa forma a página pode se tornar uma autoridade sem depender dos outros.

    d. Quando a página apresenta mais anúncios pagos, já que essa medida a posiciona melhor na busca orgânica.
    e. Quando o *site* tem muitas imagens, independentemente de outros *links*.

5. Qual é a função do Google Tag Manager?
    a. Mudar as *tags* no *site* do Google.
    b. Adicionar uma *tag* e definir em que página do *site* ela será acionada.
    c. Fazer otimizações *off page* que influenciam no tempo de carregamento dos resultados do Google.
    d. Realizar testes A/B.
    e. Medir o tempo de carregamento do *site* no Android, que é um serviço do Google.

Questões para reflexão

1. Por que se preocupar com SEO se é possível ter anúncios pagos em posições melhores nos resultados das buscas?
2. As técnicas de SEO auxiliam o usuário final de alguma forma?
3. Por que os testes A/B são importantes?
4. Como saber qual é o melhor tipo de ferramenta a ser utilizado?
5. O resultado de um teste se aplica a todas as empresas do mesmo ramo?

Para concluir...

Após a discussão dos assuntos tratados nesta obra, destacamos que o conhecimento do marketing e de suas ferramentas não é determinado apenas pelos recursos que se utilizam, mas pelo fim com que eles são utilizados. Ao longo da história, os conceitos do marketing se desenvolveram e, com a expansão da internet, muitos modelos antigos de negócio deixaram de ser relevantes para dar espaço a aplicações mais dinâmicas.

Apesar das mudanças constantes, alguns conceitos se mantêm práticos. É o caso da análise correta do mercado e dos consumidores, com o objetivo de guiar tomadas de decisão baseadas em dados reais e aplicáveis. Decisões mal embasadas sempre estão erradas, pois não permitem o aprendizado nem pelos erros que causam nem pelos eventuais acertos que geram.

Aqui examinamos as ferramentas mais comuns e indispensáveis, que são as de gestão do Google: o Google Ads, as técnicas de SEO e a análise comportamental dos usuários pelo Google Analytics. Há várias outras ferramentas, cuja utilização varia muito de acordo com o segmento e o objetivo estabelecido.

Glossário

AdSense: rede de afiliação do Google na qual um *site* exibe anúncios de texto, imagem ou vídeo escolhidos pelo Google em troca de remuneração.

Cookie: termo em inglês que significa "bolacha" ou "biscoito". Designa um arquivo que os *sites* salvam no computador do usuário com informações que utilizarão depois.

CPC: sigla para *custo por clique*, isto é, a quantia cobrada a cada clique realizado. Trata-se do formato mais comum de cobrança em mecanismos de busca, no qual o anunciante é cobrado quando há uma interação real com o *link*.

CTR: sigla em inglês para *click-through rate*, ou taxa de cliques. Corresponde à relação entre um clique e uma impressão. Se um *link* for exibido 1.000 vezes, ou seja, se tiver 1.000 impressões, e receber 100 cliques, sua taxa de cliques será calculada como 100/1.000, totalizando um CTR de 10%. Trata-se de um meio para avaliar a efetividade e o interesse de um usuário em relação a determinado *link*, vídeo, imagem etc.

Duração média da sessão: quantidade de tempo que um usuário permanece em cada sessão num *site*.

Engajamento: qualquer tipo de interação. Pode ser um clique em um *link*, um vídeo ou uma imagem, um comentário ou um compartilhamento ou qualquer outra ação do usuário em relação ao conteúdo original.

Impressão: a quantidade de vezes que um *link*, uma imagem ou um vídeo é exibido em algum monitor ou tela. Caso qualquer *link* apareça em alguma tela, contabiliza-se uma impressão; caso o usuário atualize a página, contabiliza-se uma nova; caso retorne à mesma página em outro horário ou a acesse em outro local, também se considera uma impressão diferente.

Mecanismos de busca: qualquer *site* de busca que encontra e classifica *sites* de acordo com a relevância. Alguns *sites* de busca são Google, Bing, Yandex e Baidu.

Palavra-chave: uma palavra, um termo ou uma frase inteira utilizada pelo usuário em suas pesquisas. Todo o texto digitado na barra de busca de um navegador é considerado uma única palavra-chave.

Página/sessão: refere-se ao cálculo médio de páginas visualizadas por um único usuário na mesma sessão.

Rede de *display*: canais parceiros do Google que exibem anúncios de texto ou com imagens e vídeos, tal como o Youtube ou páginas filiadas ao Google AdSense.

Rede de pesquisa: as buscas do Google e de outros mecanismos de pesquisa, que exibem apenas texto e *links* nos resultados.

ROI: sigla em inglês para *return on investment*, ou retorno sobre o investimento. Designa a receita gerada em relação ao valor investido. Caso se invista a quantia de R$ 500,00 em determinada ação e se obtenha uma receita de R$ 700,00, divide-se a receita pelo investimento, isto é, 700/500, obtendo-se um ROI de 1,4. Isso significa que, a cada R$ 1,00 gasto nessa ação, obteve-se R$ 1,40 em troca. Dessa forma, um ROI acima de 1 significa lucro para a empresa.

SEM: sigla em inglês para *search engine marketing*, ou marketing dos motores de busca. Refere-se a todo tipo de publicidade paga divulgada num mecanismo de busca.

SEO: sigla em inglês para *search engine optimization*, ou otimização dos motores de busca. Corresponde às várias técnicas empregadas para que os sistemas dos mecanismos de busca consigam encontrar um *site* e categorizá-lo corretamente, de modo a ser exibido para o usuário. É um serviço gratuito, que depende apenas do entendimento das técnicas para que a página seja facilmente encontrada e classificada. Divide-se em *on page* – otimizações de texto, *tags* e outros recursos dentro do *site* – e *off page* – compartilhamentos de *links* do *site*, para que seja difundido na rede.

Sessões: uma sessão é o período em que o usuário interage com um *site*, independentemente de quantas páginas acesse nesse tempo. Depois de 30 minutos de inatividade, a sessão encerra-se e, se o mesmo usuário retornar, será considerada uma nova.

Tag: termo genérico que se refere a alguma linha de código implementada em um *site*. Pode servir para identificar alguns trechos específicos, informar outros sistemas sobre algum dado em particular, entre diversas outras aplicações.

Taxa de rejeição: porcentagem de sessões de página única nas quais não houve interação. Em inglês, também é conhecida como *bouce rate*, isto é, "taxa de quicagem".

Taxa de saída: porcentagem de pessoas que saíram do *site* em páginas específicas, ou seja, corresponde ao cálculo de quais foram as últimas páginas visitadas pelos usuários antes de saírem. É importante diferenciar a taxa de saída da taxa de rejeição, pois, embora na primeira sejam considerados os indivíduos que saíram, eles interagiram de algum modo, ao contrário do que acontece na outra.

Visualização de página: total de páginas visualizadas, incluindo as páginas repetidas pelo mesmo usuário.

Referências

ADOBE INC. Adobe Analytics. San José, Califórnia. Software digital. Aplicativo.

BARBOSA, G.; RABAÇA, C. A. Dicionário de comunicação. 6. ed. São Paulo: Campus, 2001.

COUTO, R. Corridas 'amistosas' em Interlagos no fim das temporadas 2004 e 2011 das F1 não empolgaram. Terra esportes, 20 nov. 2013. Disponível em: <http://www.grandepremio.com.br/f1/noticias/corridas-amistosas-em-interlagos-no-fim-das-temporadas>. Acesso em: 9 dez. 2019.

FITTING Tribute to a Pioneering Thinker. The Financial Times, Londres, 17 nov. 2005. Disponível em: <https://www.ft.com/content/1e12a8f8-56ce-11da-b98c-00000e25118c>. Acesso em: 10 fev. 2020.

FISHKIN, R. How to Rank: The SEO Checklist. 29 dez. 2017. Disponível em: <https://moz.com/blog/rank-in-2018-seo-checklist>. Acesso em: 10 fev. 2020

GABRIEL, M. Marketing na era digital: conceitos, plataformas e estratégia. São Paulo: Novatec, 2010.

GOOGLE. Ajuda do Google Ads. Disponível em: <https://support.google.com/google-ads/?hl=pt-BR#topic=7456157>. Acesso em: 9 dez. 2019a.

_____. Ajuda do Google Analytics. Disponível em: <https://support.google.com/analytics/?hl=pt-BR#topic=3544906>. Acesso em: 9 dez. 2019b.

_____. Ajuda do Search Console. Disponível em: <https://support.google.com/webmasters/?hl=pt-BR#topic=3309469>. Acesso em: 9 dez. 2019c.

GOOGLE LLC. Google Ads. Plataforma online. Disponível em: <ads.google.com>. Acesso em: 12 fev. 2020a.

_____. Google Analytics. Plataforma online. Disponível em: <analytics.google.com>. Acesso em: 12 fev. 2020b.

_____. Google Optimize. Plataforma online. Disponível em: <optimize.google.com>. Acesso em: 12 fev. 2020c.

_____. Google Tag Manager. Plataforma online. Disponível em: <tagmanager.google.com>. Acesso em: 12 fev. 2020d.

Journal of Occupational and Organizational Psychology 83. Tilburg University, Holanda. Setembro 2010.

JUSTINO, C. O que é inbound marketing? Blog HubSpot Brasil. 22 dez. 2017. Disponível em: <https://br.hubspot.com/blog/marketing/o-que-e-inbound-marketing>. Acesso em: ?? jan. 2020.

KAPLAN, A. If You Love Something, Let It Go Mobile: Mobile Marketing and Mobile Social Media 4x4 Found. Business Horizons, v.55, n.2, p. 129-139, 2012.

KAUSHIK, A. Multi-Channel Attribution: Definitions, Models and a Reality Check. Occam's Razor, 2012. Disponível em: <https://www.kaushik.net/avinash/multi-channel-attribution-definitions-models/>. Acesso em: 9 dez. 2019.

KOTLER, P.; ARMSTRONG, G. Princípios de marketing. São Paulo: Prentice Hall, 2003.

KOTLER, P.; KARTAJAYA, H.; SETIAWAN, I. Marketing 4.0: Moving from Traditional to Digital [digital version]. New Jersey: John Wiley & Sons, 2017.

KOTLER, P.; KELLER, K. L. Administração de marketing. 12. ed. São Paulo: Pearson Education, 2006.

_____. Administração de marketing. 14. ed. São Paulo: Pearson Education, 2012.

LAS CASAS, A. L. Marketing: conceitos, exercícios, casos. 7. ed. São Paulo: Atlas, 2006.

MARKETING. In: Michaelis. Versão 2.0. Disponível em: <https://michaelis.uol.com.br/moderno-portugues/busca/portugues-brasileiro/marketing/>. Acesso em: 10 fev. 2020.

PATEL, N. Teste A/B: O que é, como funciona e as melhores ferramentas. Disponível em: <https://neilpatel.com/br/blog/como-fazer-teste-ab-rapidamente-e-aumentar-a-taxa-de-conversao/>. Acesso em: 12 fev. 2020.

PENTEADO FILHO, J. R. W. Marketing: o que é, para que serve, como funciona. Porto Alegre: Cedeg, 1987. v. 1.

PORTER, M. E. Competitive Advantange: Creating and Sustaining Superior Performace. New York: Free Press, 1985.

RACKHAM, N.; DEVINCENTIS, J. Rethinking the Sales Force. Redefining Selling to Create and Capture Customer Value. New York: McGraw Hill, 1999.

U. S. GEOLOGICAL SURVEY. Magnitude 8.9 – Near the east coast of Honshu, Japan. 2011 Mach 11. Disponível em: <https://web.archive.org/web/20110313154037/http://earthquake.usgs.gov/earthquakes/eqinthenews/2011/usc0001xgp/>. Acesso em: 3 fev. 2020a.

_____. Magnitude 9.1 – Off the west coast of Nothern Sumatra. 2004 December 26. Disponível em: <https://web.archive.org/web/20100323101238/http://earthquake.usgs.gov/earthquakes/eqinthenews/2004/us2004slav/>. Acesso em: 03 fev. 2020.

WOOPRA INC. Woopra Web Analytics. Plataforma online. Disponível em: <https://www.woopra.com/>. Acesso em: 12 fev. 2020.

ZEITHAML, V. A.; BITNER, M. J. Marketing de serviços: a empresa com foco no cliente. 2.ed. Porto Alegre: Bookman, 2003.

Respostas

Capítulo 1

Questões para revisão
1. Para Kotler e Keller (2012), o marketing é uma forma de suprir necessidades lucrativamente.
2. O processo de compreensão de mercado é a etapa mais essencial de coleta de informações a respeito do mercado em que a empresa atua.
3. b
4. a
5. c

Capítulo 2

Questões para revisão
1. Os 4 Ps que compõem o *mix* de marketing tradicional são: produto, preço, praça e promoção. Já os 4 Ps modernos são: pessoas, processos, programas e *performance*.

2. A atenção seletiva corresponde às informações que os consumidores filtram mentalmente em virtude da grande quantidade de anúncios pelos quais são impactados diariamente.
3. d
4. a
5. b

Capítulo 3

Questões para revisão

1. Tomar decisões baseadas em dados é vital tanto para minimizar riscos quanto para aprender melhor com o rumo tomado. Uma decisão tomada com base em dados errados certamente leva a empresa ao erro e, pior do que isso, com a crença de que está no caminho correto, de forma a agravar mais a situação com uma demora na identificação do problema.
2. Uma opinião forte pode ser mais persuasiva num primeiro momento, mas dados corretos são incontestáveis, independentemente de quem os questione.
3. c
4. c
5. a

Capítulo 4

Questões para revisão

1. Uma conversão é quando se atinge uma determinada etapa no processo de venda. Pode ser a efetivação da venda, um cadastro para receber *e-mails* ou algum outro ponto que seja relevante para o negócio.

2. Relatórios personalizados tornam a análise de dados mais específica para cada negócio, agilizando o acompanhamento de métricas e facilitando a tomada de decisões baseada em dados.
3. c
4. a
5. a

Capítulo 5

Questões para revisão

1. O Google Ads é a plataforma de anúncios do Google, seja na busca, seja em sites parceiros.
2. Um pequeno negócio consegue competir com qualquer outra empresa em uma busca. Isso porque o leilão é feito com base no valor do lance e também na qualidade da página para aquela busca. Se um negócio, por menor que seja, tem maior relevância, o valor do lance é reduzido e, assim, ele concorre de igual para igual com empresas maiores. A vantagem das grandes organizações é a frequência com que os anúncios aparecem; enquanto pequenos negócios têm um orçamento diário muito limitado, os grandes têm mais dinheiro para gastar ao longo do dia.
3. a
4. c
5. a

Capítulo 6

Questões para revisão

1. As otimizações *on page* são melhorias realizadas no próprio *site*, como o ajuste de *tags* e a estruturação do conteúdo. Já as otimizações *off page* são ações em outros *sites*, como o compartilhamento de *links*.

2. *Black hat* são formas de burlar os mecanismos de busca e temporariamente colocar um *link* orgânico mais ao topo da busca, mesmo que prejudique o usuário. Isso pode trazer benefícios em curto prazo, pelo menos até os mecanismos de busca identificarem a prática ilegal e penalizarem o *site*.
3. a
4. a
5. b

Sobre o autor

Henrique Brockelt Giacometti é publicitário formado pela Pontifícia Universidade Católica do Paraná (PUCPR), com MBA em Gestão de Projetos pela Fundação Getulio Vargas (FGV). Atua desde 2010 na área de marketing digital com foco em alta *performance*, atendendo clientes como Porto Seguro, Buscapé, HSBC, Rentcars.com, Uninter e Pipefy, além de dezenas de outras empresas nacionais e estrangeiras.

É reconhecido e chancelado pelo Google como principal colaborador (*Product Expert*) e durante anos foi palestrante oficial da empresa para os produtos Google Ads e Google Analytics em língua portuguesa. É autor de diversos artigos sobre esses produtos, bem como participante ativo nos fóruns e canais oficiais relacionados.

Os papéis utilizados neste livro, certificados por instituições ambientais competentes, são recicláveis, provenientes de fontes renováveis e, portanto, um meio sustentável e natural de informação e conhecimento.

FSC
www.fsc.org
MISTO
Papel produzido a partir de fontes responsáveis
FSC® C057341

Impressão: Log&Print Gráfica & Logística S.A.
Abril/2021